# DU MANDAT
## EN DROIT ROMAIN
### D. 17. 1.

# DE LA COMMISSION
## EN DROIT FRANÇAIS.

## THÈSE POUR LE DOCTORAT

PAR

**Jules CHENAL,**

Avocat à la Cour impériale de Paris.

> Non enim possumus omnia per nos agere.
> Idcirco amicitiæ comparantur, ut commune
> commodum mutuis officiis gubernetur.
> (Cicéron, *pro Roscio*.)

### PARIS
IMPRIMERIE DE MOQUET
92, rue de la Harpe
1858

# DU MANDAT

## EN DROIT ROMAIN

### D. 17, 1.

# DE LA COMMISSION

## EN DROIT FRANÇAIS.

## THÈSE POUR LE DOCTORAT.

L'acte public sur les matières ci-après sera soutenu le mardi 27 juillet 1858, à 9 heures et 1/2.

PAR

**Jules CHENAL,**

Avocat à la Cour Impériale de Paris.

Président : M. **BONNIER**, Professeur.

SUFFRAGANTS :
| MM. **PELLAT**, doyen | |
| **VALETTE** | Professeurs. |
| **FERRY** | |
| **BATBIE** | Suppléants. |

Le candidat répondra en outre aux questions qui lui seront faites sur les autres matières de l'enseignement.

PARIS

IMPRIMERIE DE MOQUET,

92, RUE DE LA HARPE,

1858

A MON PÈRE, À MA MÈRE.


A MES AMIS.

# INTRODUCTION.

———

Le sentiment qui domine les hommes, à l'origine des sociétés, c'est, comme le remarque M. Guizot à propos des Germains, le sentiment de la liberté individuelle, la passion de l'indépendance. Isolé, maître chez lui sans contrôle, le chef se confie peu à autrui : il fait tout par lui-même ; car il tient à marquer tous ses actes du sceau de son individualité.

Tel fut, dès la naissance de Rome, le caractère exclusif et jaloux du *Paterfamilias;* telle fut la raison d'être de ce grand principe dont il resta toujours quelque trace : que le citoyen Romain ne peut être représenté dans les actes de la vie civile.

De ce principe il devait nécessairement résulter, d'abord, que le mandat fut peu pratiqué, sinon inconnu des premiers Romains ; ensuite et surtout que la personne du mandataire ne put réfléchir, représenter celle du mandant.

C'est ce qui arriva. Le mandataire à Rome agit en son propre nom : les tiers ne connaissent que lui. La convention ne produit d'effet qu'entre les contractants. L'affaire faite, un compte intervient, par suite duquel le résultat de la gestion est reporté sur le mandant qui, de son côté, doit rendre indemne le mandataire.

Ce n'est pas ainsi que parle l'art. 1984 du Code Nap. D'après ce texte, le mandataire est celui qui a *le pouvoir de faire quelque chose pour le mandant et en son nom.*

Sans doute, cela ne veut pas dire qu'il lui soit impossible d'agir en son propre nom ; mais cela veut dire que son rôle ordinaire et normal est d'agir au nom du mandant et de le représenter.

C'est au code de commerce qu'il faut aller chercher une définition qui puisse servir de pendant à la définition romaine : *Le commissionnaire*, dit l'art. 91 *est celui qui agit en son propre nom ou sous un nom social pour le compte d'un commettant.* »

Cela encore ne signifie pas que le commissionnaire soit incapable d'agir au nom du commettant (art. 92); mais son rôle normal, c'est d'agir en son propre nom, comme le mandataire romain.

Voilà pourquoi j'ai cru que l'étude du mandat à Rome était la préface naturelle de l'étude de la commission ; qu'il y avait dans ce rapprochement des enseignements utiles à tirer du passé, et qu'ici, du moins, le Digeste ne serait pas lettre-morte pour la saine interprétation de la Loi française.

J'ajoute (afin de circonscrire ce travail dans ses justes limites), que la commission étant, avant tout, un mandat spécial et extrajudiciaire, j'ai pu écarter, en Droit romain, le mandat général, et la *procuratio ad litem,*

Je me bornerai donc à traiter du *mandat spécial, extrajudiciaire,* et, en Droit français, de la commission en *général.*

# DU MANDAT.

### (Dig., 17, 1.)

---

## CHAPITRE PREMIER.
### DU CONTRAT DE MANDAT.

Définition. Éléments essentiels. Forme du Mandat.

### SECTION I<sup>re</sup>.

### Définition du Mandat.

I. Le mandat est un contrat par lequel l'un des contractants s'oblige à faire gratuitement une ou plusieurs affaires pour le compte de l'autre contractant.

Ce dernier s'appelle *mandant* (*mandans, mandator*); l'autre est le *mandataire* ou *procureur* (*mandatarius, procurator.*)

« Ceux qui s'attachent, dit Pothier (*Du Mandat,*

nᵒ 1), à la recherche des étymologies ont observé que le mot *mandatum*, qui est le nom de ce contrat, vient *de manu data;* parce que, dans ce contrat, celui qui se chargeait de l'affaire avait coutume de mettre sa main dans celle de celui qui la lui confiait, pour lui témoigner par là qu'il lui donnait, et lui engageait sa foi de s'en acquitter de son mieux ; car chez les anciens, la main était *symbolum fidei datæ.* »

2. On conçoit aisément à quel besoin de l'humanité répond un pareil contrat. Sa raison d'être est exprimée mieux que par de longues dissertations dans cette simple phrase de Cicéron : « *Non enim possumus omnia per nos agere. Idcirco amicitiæ comparantur, ut commune commodum mutuis officiis gubernetur.* (Cicéron, *Pro Roscio.*) — Et le jurisconsulte Paul est d'accord avec Cicéron : *Originem ex officio atque amicitia trahit.* (L. I, § 4 *hoc tit.*)

La sympathie, la confiance, voilà donc les nobles sources du mandat. Aussi est-il vraisemblable, comme le conjecturent Noodt et Heineccius, et après eux M. Troplong, qui tire un heureux argument de la loi 14 *De Precario,* qu'une pareille convention resta longtemps dans le domaine intime et privé des bons offices, n'ayant pour sanction que la flétrissure morale qui s'attache au mépris de la foi jurée.

Puis, quand cette sanction parut ne plus suffire, le droit vint armer le mandat, et donner aux contractants le moyen de se contraindre réciproque-

ment à l'accomplissement de leurs obligations
Mais toujours le mandat conserva le cachet de son
origine, en trois points surtout bien remarquables :
1° La diligence exacte que le mandataire doit apporter à sa gestion ; 2° la gratuité du service rendu ;
3° l'infamie dont est noté le mandataire infidèle.

3. Après les remarques qui précèdent, il est presque inutile d'ajouter que c'est là un contrat de
bonne foi par excellence.

Il est du droit des gens, accessible, par conséquent, à tous, aux étrangers comme aux citoyens.
Consensuel : Aussitôt que le mandataire a accepté
de quelque manière que ce soit (fût-ce même tacitement) la gestion de l'affaire, il est dès lors obligé
de l'exécuter, et le mandant est de son côté obligé
de l'indemniser de tout ce que pourra lui coûter cette
exécution.

4. Mais remarquons bien ici qu'au début du contrat, une seule partie est obligée : le mandataire. Il
est tenu d'exécuter le mandat; aussi l'action du
mandant contre lui, s'appelle-t-elle *actio mandati directa* ; c'est, en effet, celle qui résulte naturellement,
directement de la convention. Puis, la gestion entreprise, il se peut faire qu'elle ait induit le mandataire en frais, déboursés, pertes, et dès lors la bonne
foi veut qu'il soit indemnisé. En conséquence, l'*actio
contraria* lui est ouverte pour recourir *in id quod
interest* contre le mandant.

Nous voyons par là que le mandat est de la classe de ces contrats que certains théoriciens appellent synallagmatiques imparfaits.

## SECTION II.

### Éléments essentiels du mandat.

5. De la définition donnée plus haut du mandat, il résulte que trois choses sont de l'essence de ce contrat :

1° Une affaire à faire ;

2° De la part du mandataire, l'intention de la faire gratuitement ;

3° De la part des deux contractants, l'intention réciproque de s'obliger.

Nous allons examiner tour à tour ces trois éléments du mandat.

### § 1. De l'affaire.

6. L'affaire, objet du mandat, doit être :

1° Une affaire à faire, non encore faite, (*negotium gerendum, non jam gestum*).

2° Honnête et licite.

3° Telle que le mandant puisse être censé la faire lui-même.

4°,Telle qu'on puisse la supposer pouvoir se faire par le mandataire.

5° Enfin, elle ne doit pas intéresser le mandataire seul.

PREMIÈRE CONDITION : L'affaire doit être à faire.

7. Cela va de soi. Si l'affaire que je donne à quelqu'un mission d'accomplir était déjà faite, le contrat n'aurait pas d'objet, et partant, ne produirait aucune obligation. (L. 12 § 14 *hoc tit.*)

Mais, toute naturelle qu'elle soit, cette observation n'est pas oiseuse. Par exemple, je vous mande de prêter à Titius cent pièces d'or ; dès la veille vous les lui aviez prêtées de votre propre mouvement ; eh bien, il n'y a pas là de mandat, car le *negotium est jam gestum, non gerendum.*

Donc vous ne pourrez pas rattacher votre prêt à mon mandat, et me prétendre votre caution à titre de *mandator pecuniæ credendæ.*

DEUXIÈME CONDITION : L'affaire doit être honnête et licite.

8. *Rei turpis nullum mandatum est,* dit Ulpien (L. 6, § 3, *h. tit.*) *ideo hac actione non agetur.*

Ainsi, par exemple, si Titius me donne mandat d'incendier un temple, de tuer ou de blesser un homme, et que je commette ces mauvaises actions, je n'aurai aucun recours contre le mandant pour me faire indemniser des condamnations justement encourues (l. **22**, § 6, Paul). Titius, de son côté n'aurait pas davantage action contre moi pour me faire exécuter un pareil mandat.

La loi ne sanctionne nulle part les contrats dont l'objet n'est pas honnête et licite : aussi, cette deuxième condition est-elle encore toute naturelle ; cependant il faut reconnaître qu'elle emprunte au caractère particulier du mandat quelque chose de plus nécessaire et de plus rigoureux qu'en toute autre matière.« La première loi de l'amitié, dit Cicéron, est de n'exiger de nos amis, et de ne faire pour eux que ce que l'honneur peut avouer. » (Cicéron, *de amicitia*).

C'est de cette idée que part Ulpien dans la l. 12, § 11 : Un jeune débauché vous prie de cautionner la dette que contracte sa maîtresse : en connaissance de cause vous acceptez le mandat, aurez-vous recours ? Non. Vous êtes assimilé à celui qui prête à un mineur de l'argent pour le dissiper (l. **24**, § 4, *de minoribus*); Ulpien ajoute : Si plus tard ce jeune homme vous mandait directement de prêter de l'argent à la courtisane, aucune action ne résulterait de ce mandat. Pourquoi? *Quasi adversus bonam fidem mandatum sit*. Et Pothier commente à merveille ces derniers mots quand il dit : «C'est là une affaire dont l'honneur, la probité, la charité ne vous permettaient pas de vous charger ; les règles de la charité ne permettant pas de favoriser la passion d'un jeune débauché. » (Pothier, *du mandat*, n° 8.)

9. Mais, bien entendu, si le mandataire était de bonne foi, c'est-à-dire s'il ignorait l'action illicite dont il se rendait complice, il faudrait décider qu'il a le droit de se faire indemniser. C'est encore Ulpien qui fait cette remarque dans l'espèce suivante : Un fils de famille vient me demander de l'argent à emprunter, une pareille demande exige réflexion. Sommes-nous dans un cas où s'applique le sénatus-consulte Macédonien, d'après lequel toute action est refusée à celui qui prête au fils de famille? Ma créance serait alors bien compromise. Sommes-nous, au contraire, dans un cas où par le *mutuum* consenti au fils, le père sera tenu de *peculio, de in rem verso, quod jussu* ? —'Alors je prêterais valablement. Un tiers survient qui me dit : Le sénatusconsulte ne s'applique pas; — Vous prêtez valablement ; prêtez à mes risques et périls. Dans ce cas, ma bonne foi est hors de doute; de ce tiers à moi il y a mandat licite, et quoiqu'il arrive, j'aurai mon recours.

Troisième condition : L'affaire doit être telle que le mandant puisse être censé la faire lui-même.

10. Au fond, c'est l'affaire du mandant qui est en jeu ; au fond, c'est lui qui agit par le mandataire : il serait peu conforme à la raison qu'il pût faire à autrui ce qu'il ne pourrait faire par lui-même.

Ainsi je mande à Titius d'emprunter cent écus des mains de mon caissier ; y a-t-il mandat ? Nullement. Emprunter de mon caissier, c'est emprunter de moi-même. Et, comme je suis censé agir par mon mandataire, il faudrait dire que je puis emprunter de moi-même, ce qui est absurde. Et, remarquons-le, cette décision a une certaine importance pratique. Titius, étant obligé en vertu d'un *mutuum*, contrat *stricti juris*, ne doit les intérêts que s'ils ont été stipulés. Au contraire il les devrait, sans stipulation, du jour de la demeure, s'il y avait mandat ( V. *infra*, n° 57 ). l. 10, § 4.

11. Il faut encore voir un emprunt, nullement un mandat, dans le fait que signale Julien d'un maître qui donne ordre à son procureur de prendre dans sa caisse une certaine somme, de la placer à ses propres risques, de lui tenir compte des intérêts jusqu'à un certain chiffre, et de garder le surplus.

Au contraire, il y aurait mandat si pareil ordre était donné à un fondé de pouvoir chargé de toutes les fonctions du maître. Pourquoi ? *Quemadmodum solet teneri debitor, qui creditoris sui negotia gessit.* (L. 6, § 6. *Julien* cité par *Ulpien*.)

La loi 31 *hoc tit.* (Julien) nous donne le mot de cette assimilation : un homme est tenu envers moi au quadruple *intra annum*, au simple *post annum* : ce qui a lieu, par exemple, dans les actions *vi bonorum raptorum, de calumnia, quod metus causa,* etc.

—Je lui donne mandat *intra annum* de gérer mes affaires ; puis je l'actionne *ex causa mandati post annum ;* doit-il le quadruple ou le simple ? Le quadruple, car, en qualité de procureur, il devait se faire payer comme il fait payer tout autre débiteur. S'il ne l'a pas fait, il est en faute : donc il est tenu.

Dès-lors, nous comprenons la 2e espèce de la L. 6, § 6 ; il y a bien, comme dans la première, un emprunt de la part du procureur ; mais de plus, son mandat, étant général, l'oblige à se faire payer à lui-même la dette qu'il a contractée : *Debet a semetipso exigere.*

12. Je ne puis moi-même acheter ma propre chose ; donc, je ne puis, d'après le principe posé, mander à quelqu'un de l'acheter pour moi.

Cependant on admet, *utilitatis causa*, qu'un débiteur saisi puisse donner mandat, à l'effet de racheter le gage mis en vente par des créanciers. Or, le gage, tant qu'il n'est pas vendu, reste bien la chose du débiteur. (L. 22, § 3. Paul.)

Et lui-même, remarquons-le bien, ne pourrait pas se porter directement acquéreur. (L. 40, *De pignerat. act.* Papinien.)

QUATRIÈME CONDITION : L'affaire doit être telle qu'on puisse la supposer pouvoir se faire par le mandataire.

13. Pour que le mandat tienne, il suffit que la *res gerenda* soit possible en soi *per rerum naturam ;* du

moment où le mandataire s'est obligé à la gérer, c'est qu'il ne l'a pas crue au-dessus de ses forces.

14. Les jurisconsultes citent, comme affaire impossible en soi, l'achat de la chose du mandataire. Nul, en effet, ne peut acheter sa propre chose.

Néanmoins, ils valident le mandat donné à quelqu'un, à l'effet d'acheter un bien dont il est propriétaire pour partie seulement.

Selon Julien, cité par Paul (L. 22, § 4), le mandat est valable même pour la part afférente au mandataire.

Et Neratius est de l'avis de Julien (L. 35, *ibid.*). Mais Africain (L. 34, § 1) n'accepte pas cette décision sans examen.

Je vous ai mandé, dit-il, de m'acheter un fonds dont vous étiez héritier pour partie. Quant aux parts de vos cohéritiers, sans aucun doute, il y a mandat ; mais, quant à la vôtre, on peut se demander s'il n'y a pas bien plutôt vente que mandat.

Et ce ne serait pas sans raison qu'on verrait là une vente faite, sous la condition et dans le cas où vos cohéritiers vendraient leur part, et au même prix et aux mêmes conditions qu'ils la vendraient.

La solution à donner à la question serait intéressante au cas où je viendrais à mourir avant la consommation de la vente, et où vous, mandataire, sachant ma mort, vous n'auriez pas voulu vendre à un autre à cause du mandat.

Mon héritier serait il tenu envers vous?

Et, à l'inverse, si vous aviez vendu à un autre, seriez vous tenu envers mon héritier ?

Oui, dans les deux cas, si l'on décide qu'il y a vente sous condition. Non, si l'on décide qu'il y a mandat, car le mandat a été résolu par ma mort que vous avez connue.

Mais, dit Africain, en finissant, si l'héritier du mandant agissait par l'action directe de mandat, il obtiendrait le même résultat qu'en se servant de l'action *ex empto*.

En effet, avec l'un ou l'autre moyen, il arriverait à se faire indemniser du préjudice qu'il éprouve à n'avoir pas la chose promise : *Quanti ejus interfuit emptam rem habere.*

CINQUIEME CONDITION : L'affaire ne doit pas intéresser le
mandataire seul.

15. Sinon ce serait un simple conseil, ne produisant par conséquent aucune obligation.

Par exemple, vous avez de l'argent dont vous cherchez l'emploi ; je vous conseille de le placer à intérêt plutôt que de l'employer à l'acquisition d'un fonds. Est-ce que, si vous suivez mon conseil, et que l'opération tourne mal, vous pouvez intenter contre moi l'action *mandati contraria*, prétendant que je dois vous indemniser? Nullement, et Gaïus qui cite cet exemple en donne parfaitement la raison :

*Quia nemo ex consilio obligatur, etiamsi non expediat ei, cui dabatur ; quia liberum est cuique apud se explorare, an expediat sibi consilium.* (Gaïus, 1. 2, § 6 h. tit.)

16. Qu'arriverait-il si le conseil était donné de mauvaise foi, par malice et par dol ?

Ainsi je vous conseille tel placement, sachant de reste que ce placement est mauvais, inopportun, et doit vous induire certainement en perte.

Dans ce cas je serai tenu; mais sera-ce par l'action de mandat ? Je ne le crois pas, et je suis de l'avis d'Ulpien, qui dit qu'en pareille circonstance, c'est l'action de dol plutôt que l'action de mandat qui doit être donnée (L. 10 § 7.)

17. Mais la question de savoir si le tiers intervenant a voulu simplement donner un conseil qui ne l'engageât pas, ou déterminer l'opération même, en s'en portant garant, est une question souvent délicate, et que peut seul résoudre un examen attentif des faits. Certes, dans l'espèce citée au numéro 15, il ne peut y avoir de doute : il s'agit d'un conseil, rien de plus; mais d'autres se présentent qui peuvent embarrasser.

Je vous mande, non plus seulement comme tout à l'heure, de placer votre argent à intérêts, mais d'en faire un prêt à Titius. Si vous faites ce prêt, et que Titius ne vous paie pas, suis-je tenu à vous garantir ? (*Inst. mandat*, n° 6.)

On voit la différence des deux interventions. En vous désignant nommément Titius, ne vous ai-je pas, en bonne foi, garanti sa solvabilité?

Et cependant, voyez la loi 2 de *Proxeniticis* : Je cherche un placement, vous cherchez de l'argent; un courtier nous rapproche. Il me dit : « C'est une bonne affaire, un placement sûr. » Je vous prête telle somme. Le courtier est-il tenu *mandati actione*, le cas échéant de votre insolvabilité? Non, dit Ulpien, *quia monstrat magis nomen, quam mandat, tametsi laudet nomen.*

La difficulté est sérieuse, mais il ne faut pas essayer de la résoudre théoriquement ; elle est du domaine des faits.

La question à se poser, et à résoudre est celle-ci : La personne à laquelle s'adresse l'invitation d'agir aurait-elle agi sans cela ? A-t-elle pu raisonnablement croire que le tiers intervenait assez sérieusement, qu'il prenait un intérêt assez grand à l'opération pour s'en porter garant et en assumer les risques? Si oui, il y a mandat, si non, simple conseil. Ces idées ressortent clairement des lois 5 § 6 et 32 *mandati*.

18. Pourvuque l'affaire m'intéresse pas le mandataire seul, elle peut, nous dit Gaïus (l. 2 *h. t.*), être dans l'intérêt : 1° du mandant seul; 2° d'autrui ; 3° du mandant et d'autrui ; 4° du mandant et du

mandataire ; 5° du mandataire et d'autrui. Reprenons l'analyse de ces cinq modes du mandat.

1° *Mandat dans l'intérêt du mandant seul.*

19. Exemple : Je vous mande de gérer mes affaires, de m'acheter un fonds, de vous porter mon fidéjusseur. C'est là, on le comprend, la forme ordinaire et courante du mandat.

2° *Mandat dans l'intérêt d'autrui seulement.*

20. Exemple : Je vous mande de gérer les affaires de Titius, d'acheter un fonds pour Titius, de vous porter fidéjusseur dans l'intérêt de Titius.

Ici une objection se présente immédiatement à l'esprit : en vous chargeant de gérer les affaires de Titius, je stipule pour autrui ; donc je fais un acte nul. Pas d'intérêt, pas d'action !

On répond : Sans doute il n'y a pas d'action sans intérêt. Aussi, dans l'espèce, l'action *mandati directa* ne naîtra en ma faveur, que lorsque vous commencerez à gérer.

Alors, en effet, j'interviens moi-même par votre fait dans les affaires de Titius : je deviens son *negotiorum gestor* ; j'ai intérêt à ce que vous gériez, donc je puis agir. (L. **28** *de negot. gestis.*)

On peut dire que dans cette circonstance, les actions naissent plutôt *re* que *consensu*.

3° *Mandat dans l'intérêt du mandant et d'autrui.*

21. Exemple : Je vous mande de gérer une affaire qui m'est commune avec Titius, d'acheter un fonds

pour Titius et pour moi, de cautionner Titius et moi.

4° *Mandat dans l'intérêt du mandant et du mandataire.*

22. Exemple : Je vous mande de prêter de l'argent à intérêt à mon gérant d'affaires.

L'intérêt du mandataire ici, c'est de trouver un placement utile : celui du mandant de procurer à son gérant d'affaires une somme qui sera employée à son profit.

23. Cet exemple mérite par son importance de nous arrêter quelque temps. C'est le cas du *mandatum pecuniæ credendæ* qui a beaucoup occupé les jurisconsultes romains.

Si Primus donne à Secundus le mandat de prêter une somme d'argent à Titius, et que Secundus effectue le prêt, on comprend qu'ayant agi non pas spontanément, mais *ex causa mandati*, il aura le droit, si plus tard il trouve l'emprunteur insolvable, de recourir contre Primus, et de s'en faire indemniser.

En sorte que Primus, le *mandator pecuniæ credendæ*, se trouve obligé envers le créancier, son mandataire, à l'instar d'un fidejusseur.

Cette analogie est nettement formulée par Julien, dans la loi 23 *hoc tit* : « *In summa quicunque tales contractus sunt, ut quicunque eorum nomine fidejussor obligari potest, et mandati obligationem con-*

*sistere puto : neque enim multum referre, præsens quis interrogatus fidejubeat, an absens mandet.*

Néanmoins il ne faut pas croire que l'analogie soit complète. Il y a entre les deux interventions de notables différences.

En résumé, et pour ne pas entrer dans des détails trop grands, voici les résultats que fournit leur comparaison.

24. *Ressemblances.*

1° Comme le fidéjusseur, le *mandator pecuniæ credendæ* est garant envers le créancier de l'insolvabilité du débiteur.

2° En vertu du sénatusconsulte Velléien, qui interdit à la femme d'intercéder pour autrui, elle ne peut être ni fidéjusseur, ni *mandator.*

3° Le *mandator* a, comme le fidéjusseur, le bénéfice de cession d'actions (avec une différence que nous signalerons dans l'exercice de ce droit), le bénéfice de division (1. 3 *de pec. constit.*), et le bénéfice de discussion (*nov.* 4).

25. *Différences.*

Les plus notables différences se tirent de l'observation suivante : l'obligation du fidéjusseur n'est que l'accessoire d'une obligation principale, soumise à toutes les conséquences de la règle : *Accessorium sequitur principale*; au contraire l'obligation du *mandator* envers son mandataire est une obligation principale, dont l'existence et les modifications sont indépendantes de l'existence et des modifications de l'autre obligation principale, qui s'est produite entre le mandataire créancier, et le tiers emprunteur.

De là les conséquences suivantes :

1° Si le mandataire créancier poursuit, le *reus*, le mandant n'est pas libéré : il reste tenu *ex causa mandati*. En pareil cas, un fidéjusseur serait libéré (Paul. *Sent.* 2, 17, 16.)

2° Si le mandant poursuivi paie, « *propter mandatum suum solvit et suo nomine;* » donc il ne libère pas le *reus*. Le fidéjusseur qui paie la dette procure au *reus* sa libération. (L. 28 *mandati.*)

Si le *reus* n'est pas libéré par le paiement du *mandator*, celui-ci peut demander au créancier la cession d'actions, même après avoir payé.

Le fidéjusseur, au contraire, doit réclamer cette cession avant la *litiscontestatio*. En effet, il est censé acheter les actions et la *litiscontestatio* les éteint. (L. 95, § 10, *de solutionibus*).

Ajoutons pour compléter la liste des différences :

3° Que la fidéjussion est un contrat qui se forme *verbis* (*fidejubesne? fidejubeo*), tandis que le mandat *pecuniæ credendæ* se forme *solo consensu*.

4° Que la fidéjussion peut précéder ou suivre le prêt ; tandis que le mandat *pec. cred.* le précède toujours. Il résulte de là que le *mandator* ne sera jamais admis à invoquer des exceptions personnelles au débiteur, par exemple la restitution *in inte-grum* pour cause de minorité. Cela pourrait être permis au fidéjusseur *cognita causa*. Comment le *mandator*, qui a été *adfirmator* et *suasor*, a-t-il pu ignorer cette minorité? (L. 12, § 14 *hoc. tit.*; l. 13, *Pr. de minor.*)

5° Que la fidéjussion est un contrat unilatéral, le mandat *pec. cred.* un contrat synallagmatique.

De là il résulte que le mandant est libéré, si le créancier, son mandataire, s'est mis hors d'état de lui céder ses actions. (L. 95 § 11 *de solut.*)

Le fidéjusseur, en pareil cas, n'aurait contre le créancier qu'une exception de dol (l. 62, *de fidej.*)

Remarquons que la première différence disparaît sous Justinien. (Const. 28, au code *de fidej. et man-dat.*) Désormais, le fidéjusseur et le *coreus* même, ne sont pas libérés par la poursuite intentée contre le *reus* ou *coreus*.

26. A l'espèce du mandat *pec. cred.* cité par Gaïus dans la l. 2 *h. tit.*, comme un cas dans lequel le mandat est dans l'intérêt du mandant et du mandataire, les Instituts ajoutent deux exemples qu'il importe de remarquer.

*Premier exemple :* J'ai pour débiteur Primus, dont la dette est cautionnée par Secundus. Au moment où je vais poursuivre ce dernier, il me donne mandat d'agir contre Primus à ses risques et périls. Ce mandat est dans l'intérêt des deux contractants :

1° dans l'intérêt de Primus, le mandant; car il est dispensé de faire l'avance ; 2° dans l'intérêt du créancier, mandataire; car, si j'avais poursuivi tout d'abord et sans mandat Primus, j'aurais libéré le fidéjusseur, et n'aurais plus eu de recours contre lui, en cas de non paiement, au lieu qu'agissant sur son mandat à ses risques et périls, j'ai l'action *contraria mandati*, pour me faire indemniser par Secundus, si je ne suis pas payé par Primus.

Cet exemple reproduit au Digeste (1. 22, § 2 et 45, § 8) n'a plus d'application sous Justinien à partir de la constitut. 28. au C. *de fidej.*, qui décide que le fidéjusseur n'est plus libéré par la poursuite intentée contre le débiteur principal.

27. *Deuxième exemple* : Primus est créancier de Secundus; Secundus créancier de Tertius. Secundus, qui doit payer d'un côté, et recevoir de l'autre réunit ainsi deux fonctions qui se neutralisent. Il est utile qu'il disparaisse. Il disparait, en donnant mandat à Primus de stipuler ce qu'il lui doit, à ses risques et périls de Tertius, son débiteur à lui.

Cette délégation de Tertius à Primus constitue un mandat dans l'intérêt des deux parties.

1° Dans l'intérêt du mandant, Secundus; car il est dispensé de l'obligation de payer à Primus ce qu'il aurait lui-même à répéter de Tertius.

2° Dans l'intérêt du mandataire Primus; car au lieu d'avoir seulement un débiteur, il en a deux.

Non payé par Tertius, il se retournera contre Secundus, par l'action contraire.

28. Un mot, en passant, de la délégation. La l. 11 de *novationibus* la définit ainsi : « *Delegare est vice sua alium reum creditori dare, vel cui jusserit.* » Tel est l'effet propre et naturel de la délégation en droit romain : c'est de mettre complétement et sans réserve un débiteur à la place d'un autre. Le premier est libéré de toute obligation, le second endosse la responsabilité tout entière de la dette. *Bonum nomen facit creditor, qui admittit debitorem delegatum.* Pour qu'il en soit autrement, il faut une convention particulière ; il faut, c'est ce qui a lieu dans l'espèce du numéro 27, que le déléguant mande au créancier de poursuivre le délégué à ses risques et périls : alors il garantit la solvabilité du délégué.

Chez nous la théorie est toute contraire. Naturellement et par elle-même, la délégation n'entraîne pas novation par changement de débiteur : le déléguant reste garant de la solvabilité du délégué.

Pour qu'il en soit autrement, pour qu'il y ait *délégation parfaite,* il faut que le créancier décharge expressément son débiteur, le déléguant (art. 1275 C. C.).

Et alors même que la décharge aurait été stipulée, le déléguant peut se trouver obligé, si le délégué était déjà en faillite ouverte ou en déconfiture au moment de la stipulation (art. 1276).

En un mot, chez les Romains, la délégation est naturellement *parfaite*; chez nous elle est naturellement *imparfaite*.

29. Mais pour que l'effet signalé de la délégation se produise, le mandat ne suffit pas. Sans doute la délégation se forme au moyen d'un mandat, c'est-à-dire *solo consensu*, mais elle ne se consomme que *re tantum*; elle ne se réalise que par une stipulation, ou par la litiscontestation : *Fit autem vel per stipulationem, vel per litiscontestationem.* (L. 11 *de novat.*)

Nous l'avons vue, au numéro 27, se réaliser par la stipulation; nous la voyons se réaliser par la *litis contestatio* dans la l. 29 *de liberatione legata.* « Un homme qui a deux débiteurs solidaires leur lègue à tous deux leur libération. Mais l'un est *cœlebs*, incapable de recueillir, d'après la loi Julia; l'autre est *pater*, capable de recueillir d'abord sa part, ensuite celle de son colégataire. Comment parvenir à ce résultat?

1° Ils ne sont pas *socii? Delegari debet is qui nihil capit, ei cui hoc commodum lege competit.*

Le *pater* poursuit le *cœlebs*, et dès lors deux choses arrivent : 1° Le *pater* est libéré, car la poursuite intentée contre l'un des débiteurs solidaires libère l'autre. 2° Il recueille le bénéfice de la loi Julia. La délégation s'est donc opérée, le *pater* est devenu *dominus litis* par la *litiscontestatio* : mais il a fallu qu'auparavant il reçût de l'héritier mandat d'agir contre son colégataire.

2° Ils sont *socii*? Tous deux sont libérés. Les règles du contrat de société le veulent ainsi.

30. 5° *Mandat dans l'intérêt du mandataire et d'autrui.*

Exemple : Je vous mande de prêter à intérêt 1,000 sesterces à Titius. (V. le n° 20.)

### § 11. De la gratuité du mandat.

31. Le mandat est essentiellement gratuit : c'est là, comme nous l'avons indiqué (n° 5), une marque à laquelle on reconnaît son origine. Lorsqu'un prix est stipulé pour le service à rendre, il n'y a plus mandat, il y a louage : *mercede constituta incipit locatioconductio esse. (Inst. mandat.* n° 12.)

En droit français, d'après l'art. 1986 C. c., la gratuité n'est pas de l'essence, elle est seulement de la nature du mandat.

32. Mais voici Ulpien qui nous dit : *Si remunerandi gratia honor intervenit, erit mandati actio* (l. 6, *pr. h. tit.*) et nous voyons au Code (l. 1, *mandati*) que cette récompense, cet honoraire, peut

être demandé devant le préteur au moyen d'une *persecutio extraordinaria* !

Que devient, en présence de ces textes, la gratuité essentielle? Et comment expliquer une pareille contradiction?

Faut-il dire, avec les commentateurs, qu'il s'agit ici d'une récompense promise *ex post facto*, après l'acceptation du mandat désintéressée et sans l'arrière-pensée d'un bénéfice à faire? Qu'au contraire, il y aurait louage si la promesse avait lieu *ab initio*, et que la récompense fût ainsi la condition de l'acceptation?

Cette opinion est séduisante, et sa subtilité la ferait volontiers juger Romaine. Néanmoins, je ne crois pas qu'il faille l'adopter. Des textes, et notamment la loi 6, § 7, *mand.*, supposent que l'honoraire est promis *ab initio*, sans que le caractère du mandat en soit altéré.

33. L'explication de la difficulté se trouve dans la distinction que faisaient les jurisconsultes romains entre l'honoraire (*honos*), et le prix (*merces*). La somme promise est-elle un prix? il y a louage. Est-elle un honoraire? il y a mandat.

Qu'est-ce donc que l'honoraire? en quoi se distingue-t-il du prix, c'est-à-dire de l'estimation en argent du service rendu, du travail opéré, estimation déterminée d'après la loi de l'offre et de la demande?

Ulpien, qui fait allusion à l'honoraire dans la loi 6, *pr. mandati*, en donne nettement le caractère dans la loi **1**, *si mensor* : « *Non crediderunt veteres inter talem personam locationem et conductionem esse : sed magis operam beneficii loco præberi, et id quod datur ei ad remunerandum dari, et inde honorarium appellari.* »

Ainsi, l'honoraire n'est pas le prix ; le paiement d'un service, c'est le remercîment d'un bienfait, c'est un bon office en retour d'un bon office.

On comprend que cette distinction est bien plus fondée sur l'amour-propre que sur la nature même des choses.

34. Maintenant dans quels cas y a-t-il lieu à l'honoraire et non au prix ? Ces cas se présentent dans deux hypothèses :

1° Si le fait à accomplir est tel qu'il ne puisse pas faire l'objet d'un louage.

Paul (l. 5, § 2, *de præscriptis verbis*), établit positivement la distinction entre les faits qui sont ou ne sont pas susceptibles de louage : *Si tale est factum quod locari solet, puta ut tabulam pingas... si tale est factum quod locari non possit.*

Et dans cette même loi, il donne deux exemples de faits qui ne sont pas susceptibles d'entrer en louage : 1° *Puta ut servum manumittas :* — Je vous prie d'affranchir votre esclave. Voilà un mandat, non un louage. Pourquoi ? parce qu'il s'agit d'intervenir dans un acte qui émane de la puissance publique. 2° La poursuite d'un débiteur pour le paiement de la dette : « *In hanc speciem mandatum quodammodo intervenisse videtur, sine quo exigi pecunia alieno nomine non potest.* » Il s'agit d'exercer une action au nom d'autrui, il faut pour cela un mandat, et cet acte ne peut être l'objet d'un louage.

Voilà les deux exemples cités par Paul. Ce ne sont probablement pas les seuls cas où *tale sit quod factum non possit.* L'usage les déterminait.

35. De ce qui précède, nous pouvons tirer deux conséquences :

1° Tous les faits susceptibles d'entrer en louage peuvent faire l'objet d'un mandat, s'ils sont effectués gratuitement. « *Velut si fulloni polienda curandave vestimenta, aut sarcinatori sarcienda dederim* (*G. Inst.* c. 3, § 162).

2° Il y a des faits qui, ne pouvant pas entrer en louage, peuvent faire l'objet du mandat. La sphère du mandat est donc plus étendue que celle du louage.

36. 2° Il y a encore honoraire et non prix, quand il s'agit de professions libérales (*liberalia studia*). La loi 1, *de extrad. cognit.* nous en donne la liste; ce sont : les rhéteurs, les grammairiens, les géomètres, les médecins, les sages-femmes, les maîtres d'école, les avocats, les notaires, les secrétaires, les libraires, les nourrices. Les philosophes et les pro-

fesseurs de droit en font aussi partie ; mais les premiers ne peuvent demander aucun honoraire, *quia mercenariam operam spernere debent.* Les seconds ne reçurent que d'Antonin le droit d'exiger le salaire de leurs leçons. (*Ibid.* l. 4.)

Quelle est la raison d'être de cette distinction entre l'honoraire des professions libérales, et la *merces* des autres professions?

Faut-il dire avec les anciens interprètes, Cujas, Vinnius, etc., que l'idée romaine, c'est que les professions libérales ont pour objet des services pécuniairement inappréciables?

Cela est douteux ; car, d'une part, c'est sur ce motif que se fonde Ulpien (*loc. cit.*) pour refuser aux philosophes et aux jurisconsultes, toute action pour se faire rémunérer de leur travail : *Est quidem res sanctissima. civilis sapientia : sed quæ pretio nummario non est æstimanda, nec dehonestanda* (§ 5).

D'autre part, nous voyons que les Romains ne regardent pas comme inestimables pécuniairement les services libéraux ; car l'honoraire y étant dû *sine pollicitatione,* le préteur a mission de le déterminer, de l'estimer. C'est ce que dit Ulpien de l'avocat au § 10 de la même loi.

Il vaut mieux dire, je crois, que cette distinction s'explique par le dédain que les Romains ont montré de tous temps pour les professions industrielles, dignes seulement à leurs yeux des esclaves et des affranchis.

### § 3. — De l'intention réciproque de s'obliger.

37. Il faut que le mandant ait l'intention de charger le mandataire de telle gestion, et de l'indemniser de ce que cette gestion pourra lui coûter; il faut de l'autre côté, que le mandataire ait la volonté de mener à fin l'affaire à lui confiée, et d'en rendre compte.

Cet accord de volontés différencie le mandat de la gestion d'affaire, où la volonté du maître n'intervient pas, et qui engendre des obligations plus rigoureuses au gérant.

C'est aussi par là que le mandat se distingue de l'ordre, du conseil et de la recommandation.

38. *De l'ordre.* — Quand un père de famille ordonne à son fils ou à son esclave de faire quelque chose, il ne peut y avoir de mandat, car il n'y a pas chez celui à qui l'ordre s'adresse, liberté de faire ou de ne pas faire, libre et pleine volonté.

39. *Du conseil.* — Il suffit de se référer à ce qui en a été dit aux n° 15, 16 et 17.

40. *De la recommandation.* — Vous êtes mon ami, je vous écris: je vous recommande Sextilius Crescens, qui part sous quelques jours pour votre ville. C'est une personne qui m'est chère.

Vous recevez, vous hébergez Sextilius ; pourrez-vous me réclamer ce que vous aura coûté cette réception? Non, je n'avais nullement l'intention de m'obliger à ce remboursement, en vous priant de bien accueillir un ami, pour l'amour de moi. (L.12. § 12, h. tit.)

Que si j'avais ajouté : Je vous prie de lui fournir tout l'argent dont il aura besoin pendant son séjour, et que vous ayez fait des avances sur cette prière, il y aurait mandat, et partant action contraire à votre profit; car j'ai dû avoir l'intention de vous tenir compte de vos déboursés.

SECTION III<sup>e</sup>.

De la forme du Mandat.

Le mandat est un des quatre contrats du droit romain qui se forment *solo consensu* (L. 1, *Pr.*). *Ideo per nuncium, vel per epistolam mandatum suscipi potest* (*id.* § 1) ; ajoutons que la proposition, l'offre peut aussi bien que l'acceptation se formuler par lettre ou par messager. Peu importent aussi les termes dont se servent les parties contractantes : *Item sive rogo, sive volo, sive mando, sive quocunque alio modo scripserit, mandati actio est.* (*Id.* § 2.)

En somme, la seule question à résoudre est celle-ci : Y a-t-il eu des deux parts intention réciproque à s'obliger *ex mandato?* y a-t-il eu consentement, *in idem placitum consensus?* Si oui, il y a mandat.

42. Aussi rien ne s'oppose à ce que le mandat se forme même tacitement. C'est ce que Papinien reconnaît dans la loi 53 : Vous promettez 100 à Titius ; j'interviens, et vous présent, et ne disant mot, je me porte fidéjusseur envers Titius. Qui ne dit mot consent ; vous êtes censé m'avoir donné mandat de vous cautionner ; et les actions directe et contraire existent entre nous deux. (*Sic* L. 6, § 2, et 18 *h. tit.*)

En pareil cas, il n'y aurait pas mandat : 1° Si j'intervenais pour vous faire une donation *donandi animo;* 2° si j'intervenais malgré vous. Alors, nous dit Paul (L. 40), confirmé au Code par Justinien (L. *ult.* C. *De negot. gestis*) : Je n'aurais contre vous ni l'action de mandat, ni l'action de gestion d'affaires. Quelques uns veulent donner l'action utile (V. Gaius, l. *de neg. gestis*), mais je ne suis pas de leur avis. Tel est aussi le sentiment de Pomponius.

43. La loi 60 *de reg. juris* nous dit: *Si quis ratum habuerit quod gestum est, obstringitur mandati actione.* D'où on a tiré le brocard : *ratihabitio mandato æquiparatur.* Or la loi 9, *de negot. gestis* (*Scævola*) supposant l'approbation des actes d'un gérant d'affaires, décide positivement qu'il y a lieu, dans ce cas, à l'action *negotior. gestor,* et non à l'ac-

tion de mandat et la L. 6, § 9, et 10 *ibid*. (Paul) donne la même solution.

N'est-ce pas le renversement du principe de la loi 60? La ratification en effet n'a guère lieu d'intervenir que pour les actes gérés à notre insu, car si l'affaire est gérée à notre vu et su, il y a mandat tacite.

Cujas, qui trouve la solution *très facile,* et qui blâme vertement Accurse de ne l'avoir pas rencontrée, émet, à propos de la loi 6, § 9 et 10, une opinion qui, je l'avoue, me paraît peu satisfaisante. La ratification, dit il, n'équivaut pas toujours au mandat; c'est une question d'intention : Le maître a-t-il voulu ou non contracter un mandat, lorsqu'il a ratifié?

Voët (Dig. *de neg. gest..* nº 14) est de l'avis de Cujas. Je préfère ce que dit sur la loi 9 le président Favre : « La ratification équivaut au mandat en ce sens que, une fois le fait approuvé, vous ne pouvez pas plus le désavouer que si vous aviez donné mandat de le faire ; non pas en ce sens qu'il y ait censé un mandat contracté. Il n'y a pas de fiction qui puisse avoir cet effet. »

44. Le mandat est un contrat susceptible de toutes les modalités du terme et de la condition.

Je puis même donner un mandat dont l'exécution aura lieu *post mortem meam.* Par exemple, je vous mande de me bâtir un monument après ma mort (l. 12, § 17, *h. tit.* Ulpien). Il en est de même, ajoute Gaïus (l. 13), si je vous mande d'acheter après ma mort un fonds à mes héritiers. Mais le même Gaïus ne dit-il pas en ses Instituts C. 3, § 158). *Si quid post mortem meam faciendum mandetur, inutile mandatum est, quia generaliter placuit ab heredis persona obligationem incipere non posse?* Bien que Gaïus dise oui d'un côté, non de l'autre, il a raison des deux parts. La règle qu'un mandat peut être donné *post mortem*, n'est vraie qu'à deux conditions.

La première, c'est que l'action de mandat puisse naître, du vivant même du mandant, qu'elle existe ainsi virtuellement. C'est ce qu'exprime la loi 27, § 1, pour l'action directe : *Si servum ea lege tibi tradidero, ut eum post mortem meam manumitteris, constitit obligatio : potest autem et in mea quoque persona agendi causa intervenire, velut si, pœnitentia acta, servum recuperare velim* (Gaïus), et la loi 12, § 17, pour l'action contraire : « *Potuit enim agere etiam cum eo qui mandavit, ut sibi pecuniam daret ad faciendam : maxime, si jam quædam ad faciendum paravit* (Ulpien).

La deuxième condition, c'est qu'il ne faut pas que la chose mandée soit une chose *ad heredem pertinens post mortem mandantis.* Voilà pourquoi si le testateur a mandé à quelqu'un de prendre soin de ses funérailles, le mandat n'est pas valable (l. 12, § 2, *de relig.*), tandis que nous avons vu approuvé le mandat *ut post mortem monumentum fieret*. C'est que bâtir un mausolée au défunt n'est pas l'affaire de l'héritier : *is funus curare debet. nihil amplius.* (Doneau sur la l. 15 au C. *mandati.*)

# CHAPITRE II.

### DES EFFETS DU MANDAT.

I. *Effets entre les contractants :* 1º obligations du mandataire ; *actio mandati directa,* 2º obligations du mandant, *actio contraria ; persecutio extraordinaria.*

II. *Effets à l'égard des tiers.* Représentation du mandant par le mandataire.

## PREMIERE PARTIE.

### EFFETS ENTRE LES CONTRACTANTS.

45. Nous avons dit ($n_0$ 4) que deux actions naissaient du mandat. D'abord et nécessairement l'action directe, donnée au mandant pour faire exécuter par le mandataire ses obligations ; et puis *ex post*

*facto*, l'action contraire qui appartient au mandataire pour se faire indemniser de ce que lui a couté la gestion de l'affaire.

Nous allons examiner tour à tour les obligations des deux parties et les actions qui les garantissent.

## SECTION I.

### Des obligations du mandataire. De l'action directe.

### I.

### Obligations du mandataire.

46. Le mandataire est obligé : 1° d'accomplir le mandat accepté, 2° d'apporter à sa gestion une très grande diligence, 3° de rendre compte.

### § 1. Obligation d'accomplir le mandat.

47. *Sicut autem liberum est, mandatum non suscipere, ita susceptum consummari oportet, nisi renuntiatum sit* (l. 22 § 11 *h. tit.* Paul). Cette phrase de Paul exprime fort bien la première obligation du mandataire : il doit mener à fin l'affaire entreprise, exécuter le mandat; sinon il est responsable envers le mandant de tous les dommages-intérêts

qui peuvent résulter pour lui de l'inéxecution. (L. 8 § 10, 27 § 2.)

Il est responsable non-seulement quand il n'a pas géré, mais lorsque, dans sa gestion, il a omis quelque chose : *Procuratorem non tantum pro his quœ gessit, sed etiam pro his quœ gerenda suscepit, et tam propter exactam ex mandato pecuniam quam non exactam.* (C. 11, au C. mandati.)

48. *Nisi renuntiatum sit,* dit Paul (*loc. cit.*). Le mandataire qui renonce au mandat n'est plus tenu de l'accomplir. Mais quand et comment peut-il renoncer? C'est ce que nous verrons en nous occupant des causes qui mettent fin au mandat. Contentous-nous pour le moment de dire que le mandataire doit avertir aussitôt le mandant, *ut is si velit alterius opera utatur.* S'il ne le fait pas, il sera tenu *quanti mandatoris interest,* à moins cependant qu'il lui ait été impossible de donner l'avis en temps utile : *Si aliqua ex causa non poterit nuntiare, securus erit* (1. 27 § 2).

### § 2. De la diligence que le mandataire doit apporter à sa gestion.

49. Parmi les différents systèmes, aussi savants que nombreux, auxquels ont donné lieu les recherches des commentateurs sur la théorie romaine en

matière de prestation des fautes, voici très brièvement celui que je crois devoir adopter:

Indépendamment du dol qui suppose intention de nuire, et la faute étant définie, un dommage causé sans intention de nuire, il n'y a que deux sortes de fautes: 1° la faute lourde, qui consiste à ne pas comprendre ce que tout le monde comprend (l. 213, 223 *de reg. juris*) et à traiter plus mal les choses d'autrui que les siennes propres ; — La *culpa lata* est assimilée de bonne heure au dol; 2° la faute légère ( *culpa levis* ), dans laquelle rentrent toutes les négligences qui ne constituent pas une faute grave.

Mais la faute légère, la vraie faute, ne s'apprécie pas toujours de la même manière.

Tantôt on l'estime relativement à la personne du débiteur : on interroge sa conduite ordinaire, sa diligence habituelle; la faute est alors appréciée *in concreto*: les textes la désignent par le mot *culpa*.

Tantôt, au contraire, on la mesure d'après le type abstrait d'un homme soigneux et diligent, d'un bon père de famille. C'est la faute appréciée *in abstracto*, les textes disent : *culpa et diligentia*.

En règle générale : 1° Si le contrat est dans l'intérêt unique du créancier, comme le dépôt, le débiteur ne répond que du dol et de la faute lourde.

2° La faute ne s'estime *in concreto* que lorsqu'il existe dans l'opération une certaine communauté d'intérêts, c'est ce qui a lieu, par excellence, dans la société.

Enfin on trouve encore dans les textes le mot *custodia* ; tantôt il est synonyme de *diligentia*, tantôt il exprime la clause spéciale par laquelle le débiteur assume la responsabilité de la faute ou du vol.

Ce système ressort principalement des l. 23 *de reg. juris*, 45 § 7 *de legatis*.

Tels sont les principes qui régissent la responsabilité contractuelle, lorsqu'il n'y a pas de conventions particulières. S'il y en a, elles font la loi soit qu'elles étendent, soit qu'elles restreignent l'imputabilité.

50. Faisant au mandat, en particulier, l'application de cette théorie générale, nous voyons dans la l. 23 *de reg. juris*) capitale en cette matière que le mandat comprend *dolum, culpa diligentiam.* C'est-à-dire que le mandataire répond même de la faute légère estimée *in abstracto.*

Cela est confirmé par la const. 13 au C. *mandati:* « *A procuratore dolum et omnem culpam, non etiam improvisum casum præstandum esse juris auctoritate manifestum est,*» et par la const. 21 *ibid:* « *Aliena negotia exacto officio geruntur, nec quidquam in eorum administratione neglectum ac declinatum culpa vacuum est.*

51. Mais, si nous lisons les l. 8, § 10 et 10 pr., nous trouvons ces mots significatifs : « *Si dolus non intervenit, nec culpa, non teneberis.* » — « *Nihil*

*amplius quam bonam fidem præstare oportet, qui procurat.* »

Ne résulte-t-il pas de là que le mandataire ne répond que du dol et de la faute lourde ?

Brunemann essaie de concilier ces lois avec les textes précités en disant que les premiers supposent un mandat salarié, exigeant une certaine habilité professionnelle : la responsabilité alors est rigoureuse. Dans les l. 8 et 10, il s'agirait au contraire d'un mandat gratuit

Selon Pothier, les mots *bona fides* de la l. 10 n'ont pas non plus ce sens « qu'il suffit au mandataire de même qu'au dépositaire, de ne pas pêcher par malice, et qu'il n'est pas tenu du défaut de soin ; car, étant censé, en se chargeant de l'affaire, s'être chargé d'y apporter le soin qu'elle demandait, la bonne foi l'oblige à remplir son obligation, et à apporter le soin qu'il s'est obligé d'apporter ; d'où il suit qu'il est tenu des fautes qu'il a commises pour n'avoir pas apporté ce soin. »

Il faut, je crois, regarder comme vaines ces tentatives de conciliation, et très probablement Pothier et Brunemann y auraient renoncé, s'ils avaient pu lire comme nous le texte nouvellement découvert de Modestin, si précis et si concluant : « *In mandati vero judicio dolus, non etiam culpa deducitur :* » Modestin., lib. 2 different. ex Collat. Leg. Rom. et mosaïcarum. *Manuel* de M. Pellat, p.884).

Il résulte évidemment de cette disparité de textes que la question a été controversée entre les jurisconsultes, et que ce n'est guère que sous les empereurs dont les décisions sont au code qu'elle a été définitivement tranchée en faveur de l'opinion la plus rigoureuse.

Cette controverse d'ailleurs me semble toute naturelle.

Pour soutenir l'opinion que Modestin exprime dans le texte précité, on pouvait dire que le mandat étant essentiellement gratuit, et de plus presque toujours dans l'intérêt du mandant, on ne devait pas traiter le mandataire plus sévèrement que le dépositaire, qui ne répond, lui, bien certainement que de son dol (l. 23 de *reg. juris*).

Mais l'autre solution devait triompher : 1° A cause de l'origine du mandat, et de la foi presque religieuse de ce contrat. (V. n° 1. 2, 3); 2° parce que l'esprit conçoit une différence entre l'obligation toute passive du dépositaire, et l'obligation, au contraire, très active du mandataire, qui, s'engageant à gérer une affaire, c'est-à-dire à agir, doit, comme dit Pothier, *spondere diligentiam et industriam negotio parem.*

52. Il y a cependant un mandataire qui ne répond que de son dol, c'est l'*agrimensor.* « Ulpien nous dit dans la l. 1, § 1 *si mensor...* qu'il ne peut être poursuivi que par une action *in factum*, et

qu'il ne répond que de son dol. *Hæc actio duntaxat dolum malum exigit.*

M. Clamageran (Louage d'industrie, mandat, etc., p. 41), donne de cette anomalie deux raisons qui me paraissent excellentes : 1° Dans les premiers temps, l'*agrimensor* « prêtre en quelque sorte de la propriété foncière » joue un rôle si élevé qu'aucune action n'est donnée contre lui : puis, ce rôle perdant de son importance, le préteur permet une action *in factum*; mais il le fait avec réserve, en limitant la responsabilité; 2° les erreurs sont faciles dans l'art délicat de l'arpentage : il était donc juste de ne pas imputer à l'*agrimensor* une simple faute.

53. Bien entendu, le mandataire ne répond pas du cas fortuit; mais il peut le prendre à sa charge. A l'inverse, il peut stipuler qu'il ne répondra pas de sa faute; mais la bonne foi veut qu'il réponde toujours de son dol.

### § 3. De l'obligation de rendre compte.

54. Cette troisième et dernière obligation du mandataire est résumée avec précision dans cette phrase de Paul : *Ex mandato apud eum qui mandatum suscepit nihil remanere oportet* (l. 20).

Nous allons examiner l'obligation de rendre compte tour à tour, quant aux corps certains, aux sommes d'argent et aux actions ou créances.

**55. 1**° *Corps certains et leurs fruits.*

Exemple : Je vous ai mandé de m'acheter un esclave, un fonds de terre, vous avez exécuté ce mandat. Dès lors, comme vous avez agi en votre nom, c'est vous qui êtes devenu propriétaire : mais vous êtes tenu de me transférer cette propriété, de me faire en conséquence tradition du fonds de terre ou de l'esclave (l. 8, § 10. et 10 pr., Ulpien).

Peu importe que l'acquisition ait eu lieu des deniers du mandant ou de ceux du mandataire : mais, dans le dernier cas, le mandataire a l'action contraire pour se faire indemniser de son avance, et il peut retenir la chose acquise jusqu'à parfait paiement.

56. Avec la chose même, le mandataire en doit rendre les fruits; car, s'il les retenait, il réaliserait un gain, ce qu'il ne doit pas faire; mais comme à l'inverse il ne doit rien perdre au mandat, il pourra répéter les impenses faites pour arriver à la perception des fruits. « *Sicut fructus cogitur restituere qui procurat, ita sumptum quem in fructus percipiendos fecit, deducere eum oportet* (l. 10 § 9. *Labéon cité par Ulpien* et l. 10, § 2).

57. 2° *Sommes d'argent et intérêts.*

Sur le capital des sommes acquises ou retenues *ex gestu*, pas de difficulté. Voyons la théorie romaine en ce qui concerne les intérêts.

Elle repose sur cette idée qui du reste, domine

tout le paragraphe : *Quia bonæ fidei hoc non con-gruit, ne de alieno lucrum sentiat* (l. 10, § 3). Le mandataire devra donc les intérêts toutes les fois qu'il réaliserait sans cela un bénéfice avec l'argent du mandant, ou qu'il lui ferait subir une perte.

1° Le mandataire reçoit de l'argent *ex gestu*, et le garde en caisse. Il doit les intérêts *ex mora* : c'est de ce jour que le mandant est censé avoir besoin de son capital, et le retard est une perte pour lui (l. 10, § 3).

2° Au lieu de garder l'argent en caisse, le mandataire l'a placé, et il en perçoit les intérêts : il doit compte au mandant de ces intérêts; autrement il ferait un bénéfice, et le mandat cesserait d'être gratuit (l. 10, § 3).

Le § 8 de cette même loi restreint cette solution dans un cas particulier : « Je mande à mon procureur de prêter une somme à Titius sans intérêts; il la prête avec intérêts; doit-il me tenir compte de ce profit? Oui, répond Labéon ; cependant il faudrait décider autrement s'il avait prêté à ses risques et périls. »

On peut voir dans la l. 67, § 1 *pro socio* une solution analogue.

3° Même décision lorsque le mandataire, au lieu de placer l'argent, l'a employé à son usage.

Alors, dit la l. 10, § 3. « *In usuras convenietur quæ legitimo modo in regionibus frequentantur.* »

Or, d'après la l. 38 *de neg. gestis*, celui qui, gérant

l'affaire d'autrui, emploie à son usage l'argent du maître en doit les intérêts au taux le plus élevé *vice cujusdam pœnœ*.

Laquelle croire de ces deux lois?

Pacius distingue : Dans la première, il s'agit d'un mandataire, dans la seconde d'un homme qui gère sans mandat; de là la différence.

Elle serait singulière; car s'il y a ici abus de confiance, c'est beaucoup plutôt chez le mandataire, homme de choix, que chez le gérant d'affaires qui pour le maître est le premier venu.

Cujas, s'appuyant sur la l. 1 pr. *de usuris*, place les mots *quœ legitimo modo..*, après la première phrase du § 1, qui forme notre 1°, le cas où le mandataire doit les intérêts *ex mora*.

Grâce à cette transposition, l'harmonie existe entre les deux textes.

4° Le mandataire a gardé l'argent oisif dans sa caisse au lieu de l'employer à l'usage convenu; par exemple : « Je vous ai donné de l'argent pour payer mon créancier; vous ne l'avez pas fait, vous me devez les intérêts, du jour où vous auriez dû payer. Pourquoi? Ulpien fait la réponse : *quo casu et a me creditor pecuniam debitam cum usuris recepturus sit* (l. 12, § 10.)

Il en serait de même si l'emploi à donner aux capitaux n'était que tacitement convenu. La l. 13 *de usuris* fait allusion à cette convention tacite.

Scævola se pose la question : le mandataire qui ayant reçu de l'argent, le laisse oisif, en doit-il les intérêts? Oui, si le mandant, (étant par exemple, dit Cujas, un usurier, un banquier, etc.), a l'habitude de placer son argent, dès qu'il rentre : Non si, au contraire, il a l'habitude de le garder en caisse.

5° Enfin remarquons que si, au lieu de toucher des capitaux, le mandataire touche des intérêts, ces intérêts se capitalisent et doivent être traités à leur tour comme capitaux (l. 10 § 3).

58. 3° Actions et créances.

Le mandataire agissant en son nom, les créances qu'il acquiert en vertu du mandat naissent sur sa tête; à lui seul appartiennent les actions qui les garantissent : mais, comme il agit pour le compte d'autrui, il faut, en définitive, que le bénéfice de ces actions revienne au mandant. On arrive à ce résultat au moyen de l'action directe par laquelle le mandataire est contraint de céder au mandant les créances et actions par lui acquises.

Nous savons, qu'en droit romain, cette cession ne peut avoir lieu que par des voies détournées, soit : 1° Au moyen d'une novation. Le cessionnaire stipule du débiteur par ordre du créancier primitif; de cette manière le débiteur se trouve libéré envers le cédant, et tenu *ex stipulatu* envers le nouveau créancier. — Soit : 2° au moyen de la *procuratio in rem suam*. Le cédant donne au cessionnaire mandat de poursuivre le débiteur, et de garder pour lui le profit de l'opération. (Gaïus C. 11, § 38-13, *de pactis*).

On peut voir ces deux modes de cession expressément indiqués quant au compte à rendre par le mandataire dans la l. 8, § 10, et l. 10, § 6.

59. Si, par sa faute ou son dol, le mandataire a cessé de posséder le corps certain ou l'argent qu'il doit rendre, s'il s'est mis dans l'impossibilité de céder les actions qu'il avait acquises en vertu du mandat, il est tenu de tous les dommages-intérêts qui en peuvent résulter pour le mandant (l. 8, § 7 et 10.)

## II.

### Action directe.

60. Pour faire exécuter les obligations, dont nous venons de donner le détail le mandant a l'action *directa mandati*.

Cette action est de bonne foi et conçue *in jus*. Dans un seul cas, nous la trouvons conçue *in factum*; c'est le cas de l'*agrimensor* (nous avons vu pourquoi au n° 52); mais alors cette action prétorienne, émanant d'un véritable contrat de mandat et se trouvant ainsi persécutoire de la chose, est perpétuelle. «*In honorariis actionibus, sic esse definiendum Cassius ait : ut quœ rei persecutionem habeant, hæc etiam post annum darentur.* » (L. 38 *de obligat. et action.*)

61. L'action directe appartient au mandant, qu'il soit ou non le maître de l'affaire.

Titius a donné mandat à Primus de gérer ses affaires : Primus donne à son tour mandat à Secundus de gérer les affaires de Titius. Primus a l'action directe contre Secundus : Pourquoi? *Quia et ipse tenetur :* voilà son intérêt, sa raison d'agir. (L. 8, § 3. Ulpien.)

Il en serait de même au cas où Primus serait non le mandataire, mais le *negotior. gestor* de Titius.

Mais, dans les deux cas, comment le juge va-t-il estimer l'intérêt de Primus, qui n'est pas le maître de l'affaire? Javolenus répond positivement à cette délicate question dans la L. 28 *de neg. gestis.* « Si quelqu'un, sur le mandat de Titius, a géré les affaires de Séius, il est tenu envers Titius par l'action directe de mandat : et l'estimation du litige doit avoir lieu, suivant l'intérêt de Titius et de Séius. Or, l'intérêt de Titius s'élève au montant de ce dont il est tenu lui-même envers Séius, qui a contre lui ou une action de mandat, ou l'action *negot. gestor.* »

Remarquons, en finissant (toujours avec Javolenus), que Titius peut agir contre son mandataire, avant d'avoir lui-même aucun compte à rendre à Séius : «*Quia id ei abesse videtur, in quo obligatus est.*»

**62.** L'action directe est donnée contre le mandataire. Si ce mandataire est l'esclave d'autrui, ou un fils de famille, elle peut être donnée contre le *paterfamilias,* soit *quod jussu,* si l'*alieni juris* a agi sur l'ordre du père, soit de *in rem verso,* ou *de peculio,* si le père a retiré un profit de l'opération.

Que si l'incapable a accompli le mandat après son affranchissement ou son émancipation, l'action pourra alors être dirigée contre lui-même. (*Sic* Paul. L. 61 *h. tit.*)

**63.** S'il y a plusieurs mandataires commis à la même gestion, ils sont tenus solidairement. ( L. 60, § 2.)

Cette solidarité n'a pas été abrogée par la Nov. 99, d'après laquelle la volonté de la part de plusieurs de s'obliger solidairement ne se présume pas, mais doit être exprimée. « En effet, dit Pothier, la Novelle ne s'étend pas aux solidarités qui se forment par la nature même de l'engagement, telle qu'est celui de deux mandataires qu'on a chargés de la gestion d'une ou de plusieurs affaires. Cette gestion n'ayant point été partagée entre eux, et chacun d'eux s'étant chargé de cette gestion pour le total, il est de la nature de leur engagement qu'ils en soient chargés chacun pour le total, et, par conséquent, solidairement. » (*Dumandat* n° 63.)

Remarquons, du reste, que l'obligation solidaire

dont il s'agit n'est pas la coréalité, ou solidarité parfaite.

En conséquence, : 1° La poursuite intentée contre l'un des mandataires ne libère pas les autres; 2° les comandataires sont toujours traités comme s'il y avait société entre eux.

64. *In re mandata non pecuniæ solum, verum etiam existimationis periculum est* (Cod. 21 au c. *mandati*). Cela veut dire que l'action directe entraîne pour le mandataire condamné une note d'infamie.

Néanmoins, je crois avec Doneau (sur cette loi) que l'infamie n'est encourue par le mandataire condamné qu'autant qu'il y a dol de sa part. Doneau s'appuie, pour le soutenir sur le § 6, aux Inst. *De suspectis tutor.* « *Suspectus remotus si quidem ob dolum infamis est, si ob culpam non æque.* » (*Sic encore* L. 8, § 9, *et* 44 *hoc tit.*)

De même, il n'y aurait pas infamie s'il y avait eu transaction entre les parties. (L. 7 *De his qui notantur infamia.*

## SECTION II.

Des obligations du mandant. De l'action contraire et de la *Persecutio extraordinaria.*

## I

### Obligations du mandant.

65. Le mandant doit 1° rembourser au mandataire

tout ce qu'il a déboursé pour l'exécution du mandat ;
2° lui procurer décharge des obligations qu'il a contractées envers des tiers pour la même cause.

## § I. Obligation d'indemniser le mandataire.

66. Trois conditions sont nécessaires pour que
cette obligation existe : 1° Que le mandataire ait dé -
boursé quelque chose ; 2° que le déboursé ait eu lieu
*ex causâ mandati ;* 3° qu'il ait eu lieu sans la faute
du mandataire, *inculpabiliter*.

PREMIÈRE CONDITION : Il faut que le mandataire ait déboursé
quelque chose.

67. « Si vous m'avez donné mandat d'acheter
quelque chose pour votre compte, et que j'aie fait
l'achat de mes deniers, j'ai l'action contraire pour
me les faire rembourser : Si j'ai payé avec votre argent, mais qu'en outre j'aie fait des dépenses acces-
soires, j'ai encore l'action contraire...., *simili modo
etsi quid aliud mandaveris, et in id sumptum fecero*.
(L. 12, § 9.)

Même décision, au cas où, sur votre mandat, j'ai
versé de l'argent à Titius à titre de prêt.

Mais, dans ce cas, à quoi bon le recours ? N'ai-je
pas contre Titius la *condictio ex mutuo* ? Oui, sans
doute, et je cumule les deux actions. Précieuse ressource au cas où Titius deviendrait insolvable ; car
alors, je serais quitte envers le *mandator* en lui cé-

dant ma *condictio ex mutuo*. Il n'est pas toujours nécessaire que le déboursé ait lieu matériellement. Un fidéjusseur, mandataire du *reus*, délègue au créancier son débiteur de somme égale à celle dont il garantit le paiement : son recours est ouvert, alors même que le débiteur serait insolvable. Nous savons, en effet, que la délégation en droit romain emporte novation, et qu'elle équivaut à un paiement en espèces : *Bonum nomen facit creditor qui admittit debitorem delegatum*. (L. 26, § 2, V. n⁰ 28.)

69. Qu'il ait payé lui-même, ou qu'un tiers ait fait le déboursé en son nom, le mandataire peut recourir.

En effet, le *solvens* est son procureur ou son gérant d'affaires, et le voilà tenu envers lui. Or, rappelons-nous la loi **28** *de neg. gestis* (n⁰ 61) *id ei abesse videtur in quo obligatus est*. (L. 50, *Pr.* Celse.)

Allons plus loin : le *solvens* peut n'être pas le procureur ou le gérant d'affaires du mandataire ; mais bien un tiers officieux qui fait l'avance dans l'intention de le gratifier d'une libéralité. En pareil cas, l'action contraire est-elle ouverte ?

Deux raisons de douter : 1⁰ Où est dans l'espèce le déboursé du mandataire? Où la base de son action? 2⁰ La l. 12 pr. est positive pour la dénier : *Si vero non remunerandi causa, sed principaliter donando, fidejussori remisit actionem, mandati eum non acturum*.

Il faut néanmoins décider que le recours a lieu ; c'est ce que nous dit le § 1 de cette même loi 12 : « *Marcellus autem fatetur, si quis donaturus fidejussori, pro eo solverit creditori, habere fidejussorem mandati actionem.*

Et ce § 1 de la l. 12 n'est pas en opposition avec le principe ; car les deux espèces sont différentes.

Dans l'espèce du § 1, qui paie en réalité ? Le fidéjusseur. Les choses se passent absolument comme si le tiers eût d'abord donné l'argent au fidéjusseur, et que celui-ci s'en fût servi pour payer le créancier : donc il peut recourir. Sinon, ou serait la donation ? C'est au *reus* qu'elle profiterait !

Dans l'autre espèce, la libéralité ne se présente plus de la même manière ; elle a pour objet la remise du cautionnement. Le fidéjusseur est déchargé ; toute la donation est là.

70. Que si cette remise du cautionnement, au lieu d'avoir lieu *donandi animo*, était faite à titre onéreux, comme le suppose la l. '47, le fidéjusseur pourrait certainement agir.

La l. 10, § 13, cite même une espèce dans laquelle le recours peut se produire, bien que la remise ait eu lieu gratuitement.

Je cautionne envers Titius la dette de Sempronius : Titius de son côté me doit la rémunération de services que je lui ai jadis rendus. Pour se libérer, il me fait remise du cautionnement ; puis-je recourir contre le *reus*? Oui, sans la compensation qui s'est opérée ici par la volonté de Titius, voici ce qui aurait eu lieu : Titius m'aurait payé ce qu'il me devait, à titre d'honoraires , et immédiatement je lui aurais rendu la somme donnée pour le désintéresser de ce que lui doit Sempronius. La compensation évite ces allées et venues de l'argent; mais la réalité subsiste. J'ai fait un déboursé, je puis agir.

71. Si la remise a eu lieu par donation *mortis causa* ou par legs, le recours est encore possible, bien que cette remise paraisse pas encore grever le fidéjusseur (l. 10, § 13).

Pothier, d'après Cujas, en donne la raison ; dans le premier cas, le fidéjusseur est à découvert en quelque sorte, parce qu'il a contracté envers le créancier l'obligation de lui rendre la somme dont remise a eu lieu, au cas où le créancier lui survivrait ou changerait de volonté. Dans le second, l'héritier qui fait acceptilation, est censé recevoir la somme dont il libère le fidéjusseur, et celui-ci censé la payer.

Tout cela est bien subtil, mais je n'aperçois pas d'autre solution.

72. Si le fidéjusseur, institué héritier par le créancier, fait adition, peut-il intenter l'action contraire contre le *reus*, son mandant? Oui, d'après la l. 11 *mandati* (Pomponius). Mais Africain paraît n'être

pas de cet avis dans la l. 21, § 5 *de fidejussoribus* :
« Cum fidejussor reo stipulandi heres extiterit, quæ-
« ritur an, quasi ipse a se exigerit, habeat adver-
« sus reum mandati actionem? Respondit, cum reus
« obligatus maneat, non posse intelligi ipsum a se
« fidejussorem pecuniam exegisse : itaque ex stipu-
« latu potius quam mandati agere debebit. »

Doneau concilie les deux textes; et sa conciliation me semble plausible.

Dans la l. 21, le fidéjusseur n'a encore été ni poursuivi, ni condamné. Dès lors l'adition ne libère que
lui, et l'obligation principale subsiste : si elle subsiste, le fidéjusseur n'est pas en perte ; donc il ne
peut recourir.

Dans la l. 11, le fidéjusseur a été condamné; son
adition libère le *reus* et lui. Depuis sa condamnation, en effet, il n'est plus tenu comme fidéjusseur,
mais comme *reus principalis*, puisqu'en acceptant
la sentence, il est obligé *ex causa judicati*. N'ayant
plus l'obligation primitive en mains, il est en perte;
donc il peut recourir.

73. Le fidéjusseur étant une esclave ou un fils de
famille, un tiers paie le créancier pour faire une
donation à l'*alieni juris* : faut-il donner le recours
au *paterfamilias ?*

Il semble bien qu'il y ait lieu à l'action contraire;
tant d'après ce qui a été dit au n° 69 que
d'après le § 3 « Plane si servus fidejussor solverit

« dominum mandati acturum? » L'incapable à qui la donation s'adresse, n'est-il pas censé avoir payé?

Cependant Ulpien, dans le § 2, *ibid.*, refuse positivement le recours. Pourquoi?

Bartole et Godefroy font assaut de subtilités : il faudrait, disent ils, recourir ici à deux fictions. La première, par laquelle le fils ou l'esclave paraîtraient avoir payé ce qui a été payé pour eux ; la seconde, par laquelle l'action née par suite de ce paiement, semblerait être acquise au père.

N'est-ce pas là se payer de mots? Ulpien donne la raison de sa décision; pourquoi donc l'aller chercher si loin? La voici : « hoc ideo, quia non patri donatum voluit, qui solvit. »

Le *solvens* voulait gratifier, non le *paterfamilias*, mais le fidéjusseur. Ce serait donc aller contre l'intention du donateur, que de permettre au père le recours; ce serait le faire profiter de la libéralité.

Mais, d'un autre côté, le fidéjusseur, étant *alieni juris*, ne peut agir lui-même. Le recours est donc suspendu, paralysé nécessairement par cotte impossibilité d'agir.

### DEUXIÈME CONDITION.

Il faut que le déboursé ait eu lieu « ex causa mandati. »

74. Ici il y a lieu à une question très délicate.

Lorsque le mandataire est un déboursé, en perte, faut-il nécessairement que le mandat soit la cause efficiente et directe de la perte? Ou suffit-il que la perte ait eu lieu à l'occasion du mandat?

A en croire Paul (l. 26, § 6), il faut que le mandat soit la cause de la perte. « Le mandataire a été dépouillé par des voleurs ; il a fait naufrage..., a-t-il recours pour se faire indemniser? Non, « hæc magis casibus quam mandato imputari oportet. »

La loi 52, § 4, *pro socio* (Ulpien) donne une solution toute différente au cas de société. Elle permet, en effet, à l'associé qui a éprouvé ces accidents dans la gestion de l'affaire commune, de se faire indemniser.

Or, quelle raison de distinguer, en équité, entre le recours du mandataire et celui de l'associé? Pothier et Cujas s'efforcent en vain de concilier ces deux textes; l'impossibilité de la conciliation est bien démontrée par l'opposition évidente de cette même loi 26, § 7, avec la l. 65, *de furtis*, § 1.

Dans le § 7 (l. 26), Paul, citant Nératius, suppose un vol commis au préjudice du mandataire, par l'esclave acheté sur l'ordre du mandant. L'action contraire est-elle ouverte dans ce cas, pour la réparation du préjudice? Le jurisconsulte distingue : Si le mandant ignorait que l'esclave fût voleur, il n'est tenu que *noxæ causa*; si, au contraire, il le savait, et qu'il n'ait pas averti le mandataire de veiller, il est obligé, par l'action contraire, de rembourser tout le dommage.

Africain, dans la loi 65, § 1, *de furtis*, pense qu'il n'y a pas lieu de distinguer, et dans les deux cas, il donne au mandataire son recours plein et entier. L'idée sur laquelle il se fonde est celle-ci : « Justissime enim procuratorem allegare, non fuisse se id damnum passurum, si id mandatum non suscepisset. »

Que conclure de là? Que les jurisconsultes romains étaient divisés sur notre question, et que leurs opinions variaient suivant qu'ils entendaient plus ou moins largement l'équité.

Celle d'Africain me semble la meilleure et la plus juste, alors que l'on considère le caractère essentiellement officieux et gratuit du mandat : « Nemini « officium suum debet esse damnosum. »

Cette opinion a été consacrée par les législateurs du Code civil dans l'art. 2000.

TROISIÈME CONDITION.

Il faut que la perte ou le déboursé ne soit pas imputable à la faute du mandataire.

75. Cette troisième condition est le corollaire de la précédente : si le dommage dont le mandataire se plaint est la suite de sa faute, il n'aplus pour cause

ou pour occasion le mandat, par conséquent aucun recours n'est possible.

Titius s'est engagé à me livrer cent mesures de froment, sans désignation de qualité ; vous avez, sur le mandat de Titius, cautionné cette dette, puis, étant poursuivi, vous me livrez, sans que rien vous y oblige, du froment de la meilleure qualité, pouvez-vous recourir contre votre mandant pour toute la valeur livrée ? Non, vous ne pourrez lui demander que du froment de qualité inférieure, car vous pouviez me payer avec cette qualité ; ne l'ayant pas fait, vous ne devez attribuer qu'à vous la perte que vous subissez. (L. 52.)

Il en serait autrement si vous étiez sans faute, si, pressé par le créancier, vous n'aviez pas eu le loisir de vous procurer d'autre froment que celui que vous avez livré. (L. 50, § 1.)

76. De nombreux textes font allusion au cas où le fidéjusseur n'oppose pas à la poursuite du créancier des exceptions qu'il pourrait victorieusement opposer. En pareil cas, le fidéjusseur qui paye, peut-il recourir ?

On ne peut pas répondre à cette question d'une manière absolue : il faut distinguer.

Remarquons d'abord, avec Doneau, et d'après les textes qu'on peut relever, trois sortes d'exceptions : 1° Les exceptions de procédure ; 2° les exceptions personnelles au fidéjusseur ; 3° les exceptions réelles ;

et posons la question pour chacune de ces classes tour à tour.

77. 1° Exceptions de procédure.

Exemple : le fidéjusseur est appelé en justice par un simple particulier au lieu de l'être par un huissier ; — il est assigné par un *procurator litis* qui n'exhibe pas sa procuration... *quid juris*, s'il ne se sert pas de ces moyens de procédure pour repousser la demande et qu'il paye sans en parler?

Il peut néanmoins recourir. Ulpien en donne la raison : « De bona fide enim agitur, cui non con- « gruit de apicibus juris disputare, sed de hoc tan- « tum debitor fuerit, necne. » (L. 29, § 4.)

78. 2° Exceptions personnelles au fidéjusseur.

Le fidéjusseur peut les omettre à son gré ; elles ne concernent et ne regardent que lui.

Voici, par exemple, une caution qui, engagée pour deux ans, à la garantie d'une dette dont l'échéance est à cinq ans, est poursuivie au bout de ces cinq ans ; elle peut répondre par une exception *temporis* à cette demande ; elle paye sans en arguer ; a-t-elle recours? Oui. « Quanquam enim jam li- « beratus solvit, tamen fidem implevit, et debito- « rem liberavit. (L. 29, § 6.)

Mais la règle que nous venons de poser n'est pas absolue. Sans doute le fidéjusseur peut en principe, invoquer ou émettre à son gré une exception qui lui est personnelle ; mais, s'il l'omet, il faut qu'il ne contrevienne par là à aucune loi de son mandat, car l'action contraire n'est jamais donnée que *impleto mandato*.

Le fidéjusseur s'est engagé à payer la dette dans trois mois; puis, apprenant que le *reus* doit pure-ment et simplement, il paye. A-t-il recours? non; car il a trangressé le mandat. (L. 22, § 1.)

79. 3° Exceptions réelles ou communes.

Elles sont tirées, soit de ce que le débiteur était obligé *ab initio inutiliter aut inciviliter* (L. 29, § 1.) soit de ce que le débiteur a déjà payé (29, § 2), soit enfin de quelque circonstance particulière étrangère aux deux précitées. Telles sont l'exception « non «numeratæ pecuniæ, pacti conventi, jurisjurandi. »

Voilà les exceptions que le fidéjusseur ne peut pas omettre sciemment sans perdre son recours. Pourquoi?

Doneau donne trois raisons : 1° Parce qu'en ne les opposant pas, il nuit ouvertement au débiteur son mandant; 2° parce que s'il se nuit alors à lui-même, il ne peut imputer cette perte qu'à lui; 3° enfin parce qu'il viole la loi du mandat. Il avait mission de payer pour le *reus*, mais pour le *reus* obligé; or, le *reus* ayant en mains une exception, était comme s'il n'eût jamais été obligé.

La règle que nous venons de poser souffre deux exceptions : 1° Le recours est conservé lorsque le fidéjusseur ignorait l'existence de l'exception. Mais cela s'entend d'une ignorance de fait, non de droit. «Et si quidem factum ignoravit recipi ignorantia « ejus potest : si vero jus aliud dici debet. (L. 29, § 1.)

2° Le recours est encore conservé lorsque l'exception omise par le fidéjusseur, était déshonnête, (*minus honesta*) ; mais ici encore il faut distinguer. La règle est vraie absolument si le débiteur est éloigné, et qu'il ne soit pas possible de l'avertir ; elle fléchit, et le recours est perdu, dans le cas contraire: « Si modo habuit facultatem rei conveniendi, desi-« derandique, ut ipse susciperet potius judicium « vel suo vel procuratorio nomine. » (l. 10, § 12).

80. Lorsque les trois conditions dont le détail précède sont remplies ; c'est-à-dire quand le déboursé a eu lieu *ex causa mandati*, sans la faute du mandataire, son recours est ouvert; il peut se faire indemniser tant du dommage qu'il a éprouvé que des dépenses qu'il a faites.

Sur ce dernier point, deux observations encore : 1° Le mandant ne peut refuser le remboursement des dépenses faites de bonne foi, sous le prétexte qu'elles auraient pu être moindres (l. 27, c. 4, Gaïus. *Sic* art. 1999, C. C.) 2° Le *quantum* des dépenses à rembourser s'estime en considérant le moment où elles ont eu lieu, quels que soient les événements postérieurs.

J'ai promis de payer pour vous un esclave déterminé, et je l'ai en effet payé. Au moment où j'exerce mon recours, l'esclave est mort, et n'a par conséquent plus de valeur. Si donc on considérait le moment de l'action, je n'aurais rien à prétendre ; mais on considère le moment de la dépense, c'est-à-dire du paiement, j'ai droit à la valeur de l'esclave à ce moment (l. 37).

81. Si l'affaire a mal tourné, si le mandataire n'a pu la mener à fin, sans du reste qu'il y ait rien de sa faute, le mandant peut-il refuser de l'indemniser ? Non, « Nemini debet officium suum esse damno- « sum. »

Il faut voir là une des principales différences qui existent entre le mandat et la gestion d'affaires. Le gérant d'affaires, ne peut rien réclamer : « *Si male gesserit* » (1.56, § 4 Dig. Papinien l. 4, C. *mandati*).

82. Enfin, pour en finir avec cette première obligation du mandant, voyons dans quels cas il doit avec le capital l'intérêt des indemnités ?

1° D'abord il doit les intérêts sans aucun doute *ex mora*, comme cela eu lieu dans tous les contrats de bonne foi (l. 32, § 2 *de usuris* 19 C. *mandati*).

2° Mais encore il peut demander, sans mise en demeure, ceux dont il est lui-même à découvert. Si, par exemple, il a contracté des emprunts pour exécuter le mandat, et qu'il ait promis des intérêts au prêteur ; si encore il a retiré, pour le mandat, son

argent placé a des conditions avantageuses, etc.,
*Totum hoc*, dit Ulpien en finissant, « ex æquo et
« bono judex arbitrabitur. » (l. 12, § 9 Ulpien, Paul
Sent. 2, 15, 2).

<br>

### § 2. Obligation de procurer au mandataire décharge des obligations par lui contractées.

83. Le mandataire a deux moyens de se faire décharger des obligations qu'il a contractées en son
nom pour le compte du mandant.

1° Il les acquitte de *suo* ; puis il intente l'action
contraire pour se faire indemniser (v. le § 1).

2° Il poursuit le mandant *ut suscipiat obligationem*.
— C'est-à-dire qu'il le contraint soit à payer, soit
à faire novation en s'offrant au créancier comme
débiteur à la place du mandataire, soit enfin à le garantir des poursuites qui le menacent. — Ainsi, j'ai
acheté sur votre mandat un fonds de terre, me
voilà débiteur du prix. Je puis, soit le payer et me le
faire rembourser par vous, soit vous actionner avant
d'avoir payé, pour me décharger sur vous de mon
obligation envers le vendeur (l. 46, pr. § 1. 2, 3).

84. Mais que faudrait-il penser d'un fidéjusseur
qui prétendrait pouvoir actionner le *reus* avant
d'avoir payé, *ut suscipiat obligationem?*

Il faudrait repousser cette prétention par une fin

de non recevoir péremptoire. La condition *sine qua non* du recours du mandataire, c'est qu'il ait accompli son mandat; or, le fidéjusseur qui n'a pas satisfait le créancier, n'a pas rempli son mandat; car il consiste précisément à satisfaire le créancier. (L. 45, § 1.)

En cas pareil, celui qui a cautionné sans mandat la dette d'autrui, pourrait recourir, avant même d'avoir payé. En effet, le gérant d'affaires peut exercer son recours dès qu'il a géré utilement. Or, l'interventiou du fidéjusseur peut avoir été utile, par cela seul qu'il a promis, qu'il s'est porté caution (l. 1, *de negot. gestis*).

85. Néanmoins, il est des cas où le fidéjusseur mandataire peut recourir, sans avoir payé. Doneau en compte cinq : 1° Lorsque, poursuivi par le créancier il est condamné, — comme alors il ne peut pas différer le paiement, il est bien près d'avoir payé l. 38, § 1, 45, § 4); 2° si le *reus* est en voie de se ruiner, — car alors où serait son recours ? (l. 38, § 1); 3° si le fidéjusseur est depuis longtemps obligé (l. 38, § 1); 4° si le fidéjusseur était convenu de recourir avant le paiement; 5° si une inimitié capitale survient entre le fidéjusseur et le débiteur. (Doneau sur la l. 10, au C. *mandati*.)

## II

### Action contraire.

86. L'action contraire de mandat est l'action de bonne foi, qui compète au mandataire pour obtenir contre le mandant l'exécution des obligations que nous venons de passer en revue.

Elle appartient au mandataire, à moins qu'il ne soit *alieni juris*, cas auquel elle doit être donnée au *paterfamilias*, « sive ipse solverit, sive filius ex pe- « culio » (l. 12, § 5, Ulpien).

Que si le fils de famille paie après son émancipation ; alors, continue Ulpien, « verum est in fac- « tum actionem filio dandam (l. 12, § 6). C'est une action *in factum*, et non *in jus* parce que le mandataire, étant *alieni juris*, dans le principe, la base de l'action civile manquait et n'a pas été remplacée.

87. L'action est donnée contre le mandant, qu'il soit ou non le maître de l'affaire.

J'ai sur le mandat d'autrui, cautionné votre dette. Poursuivi par le créancier, je paie : c'est contre mon mandant, non contre vous que je puis agir (l. 21, Ulpien).

Je ne puis vous atteindre qu'en me faisant céder par mon mandant l'action qu'il a contre vous, soit une action de mandat, soit une action *negotiorum gestorum*.

88. Lorsqu'il y a plusieurs mandants, pour une seule affaire, l'action est donnée solidairement contre eux. « Paulus respondit : unum ex mandatori- « bus in solidum eligi posse, etiamsi non sit conces- « sum in mandato. « Mais ne se contredit-il pas quand il ajoute : « Post condemnationem autem in « duorum personam collatam necessario ex causa « judicati singulos pro parte dimidia conveniri posse « et debere. » (l. 59, § 3.)

Le mot de cette difficulté se trouve dans la constitution 1 au Code, *si plures una sententia*. Deux personnes ont été condamnées à payer une même somme, nommément; mais sans que le juge ait exprimé dans la sentence qu'elle est donnée solidairement contre chacun, et que le demandeur non rempli d'un côté pourra se retourner de l'autre : chacun des deux débiteurs ne peut alors être poursuivi que pour sa part virile.

Nous voyons dès lors la pensée de Paul. En droit, les co-mandants sont tenus solidairement, seulement pour que l'action *judicati* ait lieu pour le tout contre chacun, il faut que la sentence l'indique expressément. (V. encore la l. 21, Ulpien ; et surtout la l. 53, Scævola).

89. L'action contraire étant celle qui est donnée au mandataire pour se faire indemniser de ce que lui a coûté la gestion du mandat, il faut, avant tout, que cette gestion ait eu lieu, que le mandat ait été

accompli. Il faut qu'il l'ait été selon l'intention du mandant, et que le mandataire se soit renfermé dans les bornes à lui tracées. « Diligenter mandati « fines custodiendi sunt : nam qui excessit, aliud « quid facere videtur. » (Paul, l. 5, pr.)

Pour développer cette idée, passons en revue huit cas qui peuvent se présenter. Je les énumère d'après Pothier. (*Du mandat*, n. 91 et suiv.)

90. *Premier cas :* Le mandataire a exécuté purement et simplement son mandat.

Je vous ai mandé d'acheter telle maison sans limitation de prix; vous l'avez achetée; vous avez recours, quelque soit le prix que vous l'ayiez payée; pourvu, cependant, qu'il ne soit pas excessif.

« La condition de ne pas excéder le juste prix doit toujours être sous-entendue dans le mandat d'acheter. » (L. 3, § 1.)

91. *Deuxième cas :* Le mandataire a fait ce dont il était chargé, mais à des conditions plus avantageuses.

Je vous ai mandé d'acheter 10 l'esclave Stichus; vous l'avez acheté 8; ou bien pour 10 vous avez Stichus, et quelque chose en sus... Indubitablement l'action vous est ouverte : puis-je me plaindre, en effet, de ce que vous avez amélioré ma position? (L. 5, § 3.)

Mais le mandataire est-il toujours libre d'améliorer la position du mandant? Non, d'après Paul :

*Præterea in causa mandati illud vertitur, interdum nec melior causa mandantis fieri possit, interdum melior*... Quels sont donc les cas où cette singularité se présente? Rien à ce sujet dans les textes; mais il est facile d'apercevoir un de ces cas : c'est celui où le mandat est dans l'intérêt d'un tiers. Par ex. : je vous ai mandé de prêter à Séius 100 *aurei* à 6 pour cent. Pouvez-vous lui demander 12 pour cent, ce serait mon affaire? Non, car mon intention a été d'être utile à Séius, et votre stipulation lui nuirait.

92. *Troisième cas.* Le mandataire a fait ce dont il était chargé, mais à des conditions plus dures.

Je vous charge d'acheter telle maison 100, vous l'achetez 120.

Dans ce cas, sans aucun doute, vous ne pouvez m'obliger à prendre pour moi un pareil marché; mais vous pouvez au moins me contraindre à prendre la maison pour 100 ?

Sur ce point controverse entre les Sabiniens et les Proculiens.

Non, disaient les premiers, et Paul donne fort bien la raison de leur décision : « Namque iniquum « est, non esse mihi tecum actionem si nolis, tibi vero si velis mecum esse. » (L. 3, § 2.)

Mais Proculus pensait (et son avis avait prévalu) que le mandataire pouvait agir jusqu'à concurrence de 100 (L. 4, Gaïus.)

Il faut bien reconnaître, malgré le triomphe de

l'opinion de Proculus, que ses adversaires étaient beaucoup plus logiques et peut-être plus équitables.

Le mandant, en effet, selon le système des proculiens, est à la discrétion du mandataire. Celui-ci gardera l'affaire si elle est avantageuse ; et si elle ne l'est pas, il la rejettera sur le mandant, moyennant un léger sacrifice.

Sans doute, la meilleure décision à donner serait celle-ci : on considérera les circonstances ; on examinera cette question : le mandataire a-t-il acheté pour le mandant ou pour lui? Si pour le mandant, il peut agir jusqu'à concurrence du prix fixé ; si pour lui, pas de recours. Mais nulle part il n'est fait allusion à cette opinion mixte.

93. A côté de l'exemple cité dans le numéro précédent, les Instituts en mettent un qui n'est pas heureux, et sur lequel très-certainement il n'y avait pas controverse entre les deux écoles. Je vous mande de cautionner Titius pour 100, vous le cautionnez pour 120; pas de recours même pour 100.

Est-ce vrai? Non ; sans aucun doute je puis recourir pour 100. L'opération ici est parfaitement divisible : j'ai cautionné pour 100 comme mandataire, et pour 20 *sponte mea* (V. la l. 33 *in fine*.)

94. *Quatrième cas.* Le mandataire n'a exécuté le mandat que partiellement.

Ainsi chargé de cautionner Titius pour 100, je ne l'ai cautionné que de 50 fr., et payé ces 50 fr., au créancier. Je puis recourir jusqu'à concurrence de cette somme.

Que si l'affaire avait été considérée par le mandant comme un tout indivisible, il faudrait donner une décision contraire.

Un fonds se vend par lots. Je vous mande de me l'acheter, mais en spécifiant que je ne serai tenu qu'autant que vous vous serez rendu acquéreur pour le tout. Si vous n'achetez que quelques lots, l'achat reste à votre compte, et vous n'avez contre moi aucun recours. (L. 36, § 2 et 3.)

95. *Cinquième cas :* Le mandataire a fait ce dont il était chargé et quelque chose de plus.

(Voir la loi 33, et l'espèce citée au n° 93.)

96. *Sixième cas :* Le mandataire a fait autre chose que le *negotium gerendum.*

Je vous mande d'acheter la maison de Séius, vous m'achetez celle de Titius; l'affaire me fût-elle plus avantageuse, vous n'avez pas de recours : ce n'est pas le mandat que vous avez exécuté. (L. 5, § 2. Paul.)

Mais il faut s'entendre ici, et ne pas confondre le cas où le mandataire a fait autre chose que le *negotium susceptum*, avec le cas où il a fait la chose mandée, mais autrement que ne le portait le mandat.

Dans ce second cas y a-t-il recours ?

Voici, d'après Paul (L. 46), la distinction qu'il faut faire : Toutes les fois que le mandat est certain c'est-à-dire toutes les fois que non-seulement le but proposé, mais encore le moyen d'arriver à ce but est formellement déterminé, le mandataire ne peut pas, sans perdre son recours, s'écarter de la route tracée. Au contraire, quand le mandat est incertain, c'est-à-dire qu'il y a plusieurs manières d'arriver au but, sans que l'une d'elles soit impérativement prescrite ; peu importe que le mandataire prenne telle ou telle route ; du moment où il arrive au but, son recours lui est acquis ; le mandant n'a pas à se plaindre. (L. 46.)

Je vous ai mandé de payer mon créancier. Quel est le but de ce mandat ? de me libérer envers mon créancier.

Quels sont les moyens ? il y en a dix pour un. Prenez celui que vous voudrez, peu m'importe, pourvu que vous me libériez !

Si donc, au lieu de compter les écus au créancier, vous vous êtes porté *expromissor*, si vous avez fait novation, consigné la somme offerte, opposé une compensation, etc., je suis libéré, le mandat est rempli, votre recours assuré.

97. *Septième cas.* — Le mandataire a fait l'affaire par un substitué qu'il n'avait pas pouvoir de mettre à sa place. Les bornes du mandat ont été dépassées ; pas de recours possible.

98. *Huitième cas.* — Il a fait seul ce qu'il devait aire avec un autre, ou sur le conseil d'un autre.

Même décision.

**99.** Une dernière question sur l'action contraire.
Le mandant condamné sur cette action, est-il noté
d'infamie, comme le mandataire condamné sur l'action directe?

En principe, non, *nec immerito*, dit Paul; « nam
« in contrariis judiciis non de perfidia agitur, sed
« de calculo » (l. 7, *de his qui notantur*). Le mandataire qui demande une indemnité la fonde ordi-
nairement, non sur le manque de foi du mandant,
mais sur des déboursés par lui faits, ou sur des pertes éprouvées.

Mais si le mandant avait usé de dol, il serait noté
d'infamie, tout comme le mandataire. « Verbis man-
« dati notatur non solum qui mandatum suscepit,
« sed et is qui fidem quam adversarius secutus est
« non præstat, ut puta fidejussi pro te et solvi, man-
« dati te si condemnavero, famosum facio » (Ulpien,
l. 7, § 5).

## III

*De la persecutio extraordinaria.*

**100.** « Si vero remunerandi gratia honos inter-
« venit, erit mandati actio, » dit Ulpien (l, 5, R.).

Cela veut dire que la présence de l'honoraire n'empêche pas le mandat d'exister, et non que l'honoraire peut être demandé par l'action contraire. Le droit civil, en effet, après avoir fait de la gratuité la base essentielle du mandat, ne devait pas reconnaître comme susceptible d'être réclamé en justice le salaire du mandataire.

Mais le préteur accordait une *persecutio extraordinaria*. C'est au magistrat directement que le mandataire s'adresse ; et le magistrat juge souverainement en droit et en fait, sans être lié par la convention des parties sur le montant de la somme. (C. 1 au C. *mandati*, l. 1, § 12, D. *de extraord. cogn.*)

101. Pour que le salaire puisse être ainsi demandé, il faut qu'il y ait promesse d'une somme certaine ; c'est une règle générale, dit Doneau, que l'objet d'un contrat soit certain : « Salarium incertæ « pollicitationis peti non potest (l. 17, 56, § 3, C. 1, au C.). Cette règle fléchit, par des motifs d'utilité générale, lorsqu'il s'agit des professions libérales. Le salaire est dû alors *sine pollicitatione*.

102. En général, et c'est là une règle de bon sens, les honoraires ne sont dus qu'autant que le mandat est rempli. Cependant voici ce que nous dit Paul, à propos des avocats, qui sont bien des mandataires (n° 36). « Advocati, si per eos non steterit, « quominus causam agant, honoraria reddere non « debent (l. 38, § 1, *Loca*). Et nous trouvons la

même décision reproduite par Ulpien dans la l. 1,
§ 13, *de extraord. cognit.*


## DEUXIÈME PARTIE.

### EFFET DU CONTRAT A L'ÉGARD DES TIERS.

103. Quelquefois le mandat ne crée de relations
qu'entre le mandant et le mandataire : tel est le cas
où je mande à un avocat de plaider ma cause, à un
médecin de me soigner dans une maladie ; mais le
plus souvent l'objet du mandat est un acte juridique
qui, accompli par le mandataire, met les tiers en
cause. Ainsi, lorsque je vous mande d'acheter pour
mon compte une maison, trois personnes sont en
présence : le mandant, le mandataire et le vendeur.
Nous venons de voir, dans la première partie de ce
chapitre, l'effet du mandat entre les parties, voyons
maintenant son effet à l'égard des tiers.

104. C'est ici qu'il faut rappeler pour en tirer les
conséquences, ce grand principe du vieux droit :
que le citoyen romain ne peut être remplacé dans les
actes de la vie civile, qu'il ne peut acquérir aucun
droit *per extraneam personam.*

Il résulterait de ce principe pris absolument l'impossibilité même du mandat; en effet, cette impossibilité, qui dut exister complète à l'origine, subsista

pour certains actes solennels, tels que le testament, l'adrogation, les actions de la loi et les actes qui en sont une fiction (la manumission, l'adoption, etc.). Mais pour les actes juridiques non solennels, on admit de bonne heure la substitution de personne, le mandat.

Mais il resta ceci du principe que le mandataire n'est pas le représentant du mandant, qu'il agit, contracte, s'oblige, en son propre nom, que les tiers ne connaissent que lui. Ce n'est que postérieurement et par le mécanisme des actions directe et contraire que le résultat définitif de l'opération, que l'acquisition des charges et des droits est reportée sur le mandant, pour le compte duquel la gestion a eu lieu ( no 54-60, 83-85).

Voilà le droit romain dans son originalité ; mais on ne tarda pas à s'apercevoir des inconvénients que présentait une pareille doctrine : 1º Les parties se trouvaient exposées aux chances de leur insolvabilité réciproque ; 2º les tiers souvent, ne connaissant pas le mandataire n'étaient pas disposés à lui accorder leur confiance. Peut être auraient ils traité s'ils avaient vu le mandant à travers le mandataire.

Aussi nous allons voir la jurisprudence altérer peu à peu le principe, et le droit romain en arriver, ou peu s'en faut à l'idée moderne de la représentation du mandant par le mandataire.

**105.** D'abord la pratique (et non l'empereur Sévère) introduisit de bonne heure cette règle que
nous pouvons acquérir la possession *per extraneam
personam*. Dès lors le mandataire possède pour le
mandant, ou plutôt le mandant possède par le mandataire, et par cette possession, il acquiert la propriété sur le champ, s'il s'agit d'une chose *nec
mancipi*, au moyen de l'usucapion s'il s'agit d'une
chose *mancipi*. (Paul, v. 2, § 1).

**106.** « Nemo alieno nomine lege agere potest, »
voilà le principe au temps des actions de la loi ; il
s'est modifié gravement, sous le système formulaire
par l'institution du *cognitor*. Le *cognitor* est un véritable représentant judiciaire. Constitué devant le
magistrat, avec certaines formes que Gaïus nous
retrace (com. 4, § 83), soit par le demandeur, soit
par le défendeur, l'action *judicati* est donnée non
pour ou contre lui, mais pour ou contre celui au
nom duquel il agit (*fragm. vat.* § 317. Paul, Sent. 1,
2, §4).

**107.** A côté du *cognitor* vint bientôt se placer
pour plus de simplicité et de célérité l'institution du
*procurator*, lequel n'est pas autre chose qu'un mandataire *ad litem*.

Il résulte de ce caractère du *procurator* 1° qu'il
peut être constitué sans paroles solennelles, en dehors du magistrat, même en l'absence de l'adver-

saire ou à son insu ; 2° et surtout que le *procurator ad litem* ne représente pas son mandant.

L'action *judicati* est donnée pour ou contre lui personnellement, sauf le compte ultérieur (*fragm. vat.* § 317).

Mais on conçoit qu'ici l'adversaire hésite à accepter le débat. Le *procurator* n'est pas le *dominus litis*, qui répond que le *dominus* ne recommencera pas le procès demain ? On leva l'obstacle au moyen de la caution « ratam rem dominum habiturum. » Le *procurator* garantit l'adversaire contre une poursuite ultérieure, en lui promettant la ratification du maître.

108. Il n'était pas possible qu'en coexistant, l'institution du *cognitor* et celle du *procurator* n'arrivassent pas à se modifier l'une par l'autre, à se fondre même l'une dans l'autre.

C'est ce qui arriva en effet.

Un fragment du Vatican, nous démontre que déjà au temps de Sévère le *procurator præsentis*, c'est-à-dire constitué à l'audience par le mandant, mais sans paroles solennelles, est assimilé au *cognitor* « Cognitoris loco intelligendus est » (§ 317) ; et que dès lors l'action *judicati* est donnée pour le maître (§ 331).

Plus tard l'assimilation fut complète, et s'étendit même au *negotiorum gestor*, qui faisait après coup ratifier sa gestion.

Dès lors l'institution du *cognitor* tomba en désuétude : il n'en est plus question sous Justinien.

109. Si les inconvénients signalés plus haut
(n° 105) de la théorie romaine en matière de mandat,
existent, c'est surtout en matière commerciale, où le
crédit joue un rôle si important. Aussi ce fut d'abord
en matière commerciale, que le remède fut apporté
au moyen des actions institoire et exercitoire.

L'*Institor* est la personne préposée à une opération commerciale, — « qui propter quæstum præ-
« ponitur, (l. 16 *de institor.* L. 3 *id*). Qu'il soit
libre ou esclave, il oblige son maître à l'égard des
tiers. Mais oblige-t-il les tiers envers son maître?
Non, en principe ; mais par exception, le maître
peut agir contre les tiers, « si rem amissuus sit, si
modo aliter rem suam, « servare non potest.» (L. 7,
§ 1, I pr., § 1-52 *de institor*).

Par l'action institoire, le maître est tenu jusqu'à
concurrence des actes faits par l'*institor* dans les
limites de la préposition, — « *duntaxat ad id ad
« quod eum præposuit.* »

110. Les engagements contractés par le *magister
navis*, soit pour les besoins de la navigation, soit
pour le transport des marchandises ou des passagers,
(l. 1 *de exercitor.*, Ulpien) obligent l'armateur (*exercitor*).

L'action exercitoire, qui appartient alors aux

tiers contractants, diffère en deux points de l'action institoire.

1° Elle a lieu au sujet des obligations contractées par le préposé du capitaine, quoique la substitution ait lieu à l'insu de l'armateur ou malgré lui.

2° Si l'armateur est *alieni juris*, et que ce soit avec le consentement du *paterfamilias* qu'il exerce sa profession, ce dernier est tenu *in solidum* (l. 1, § 19 *exercitor*).

Au cas de l'*institor*, les tiers n'auraient qu'une action tributoire jusqu'à concurrence du pécule.

Ulpien donne la raison de cette différence. C'est une raison d'utilité publique : Quia ad summam rem-« publicam navium exercitio pertinet. (l. 1, § 20:)

D'après le § 18 de cette même loi, nous voyons que l'*exercitor* n'a pas d'action contre les tiers ; mais, ajoute Ulpien, « Solent præfecti propter minis-« terium annonæ, item in provinciis præsides pro-« vinciarum, extra ordinem eos juvare ex contractu « magistrorum. »

111. Ces deux actions exercitoire et institoire furent appliquées par voie d'analogie au mandat du droit civil.

Ainsi Papinien, supposant un mandat donné à l'effet d'emprunter de l'argent, dit qu'il y a lieu contre le mandant de la part du prêteur à une action utile *ad exemplum institoriæ* (l. 19, Pr., *de instit. act.*)

Le même Papinien, cité par Ulpien (L. 10, § 5 *mandati*), rapporte que l'action institoire utile sera donnée contre le mandant, à celui qui s'est porté fidéjusseur sur la prière du procureur préposé à un emprunt : « Quia et hic quasi præposuisse eum « mutuæ pecuniæ videatur. »

De même encore, dans le cas du mandat d'acheter : L'action *ex vendito* est donnée utilement au vendeur contre le mandant (l. 13, § 25 *de act. empti et venditi*).

112. Voilà pour les droits des tiers contre le mandant ; une seule chose reste à faire : donner une action au mandant contre les tiers.

Le droit romain a fait ce dernier pas. Nous en avons pour preuve décisive cette même l. 13, § 25, où Ulpien cite encore Papinien : « Papinianus putat » cum domino ex empto agi posse utili actione, ad » exemplum institoriæ actionis ; ergo et per contra- » rium dicendum est, utilem ex empto actionem do- » mino competere. »

Et l'idée de la représentation a fait de tels progrès que si le tiers se trouve placé entre l'action directe du mandataire et l'action utile du mandant, c'est à l'action utile qu'on donnera la préférence (*sic* L. 68. 27 § 1 et 28 *de procurat*.

Ainsi donc au temps des jurisconsultes classiques, le mandataire représente le mandant à l'égard des tiers. C'est notre droit actuel (art. 1984), sauf une

différence. Le mandataire du droit romain reste toujours tenu à l'égard de ceux avec lesquels il a contracté; et ceux-ci peuvent à leur gré, poursuivre le
mandant ou le mandataire. (L. 1 § 17, *de exercitoria*).

## CHAPITRE III.

### Comment finit le mandat.

113. Les principales causes qui mettent fin au
mandat, outre celles de droit commun, comme le
mutuel dissentiment, l'impossibilité d'exécution, etc.
sont *ex parte mandatoris*, la révocation et la mort :
*ex parte mandatarii*, la renonciation et la mort.

Nous allons passer en revue ces différents modes
d'extinction; mais il faut faire avant une observation capitale.

Il n'y a, à proprement parler extinction du mandat que lorsque l'un des événements sus-indiqués se
produit quand la chose est encore entière. Alors,
pour parler comme Marcellus, *cessat mandati actio*.
(L. 12, § 16, *mandati*) Le contrat est censé n'avoir
jamais existé.

Mais si l'événement arrive quand la chose n'est
plus entière, il ne peut pas faire que le passé ne
subsiste pas, et par conséquent que l'action de

mandat n'ait lieu quant aux droits acquis. Le contrat n'est pas éteint, il est brisé. (*Obligatio nec actio
cessat. V. l. 26, pr.*)

114. Or, quand peut-on dire que l'affaire n'est
plus entière ?

Doneau émet sur ce point des idées très-nettes
dont voici le résumé :

La chose n'est plus entière « *ex parte mandatoris,*
« *si quid ejus interesse cœpit.* »

L'action directe est née alors, et rien ne peut
l'empêcher d'être ; ni la mort du mandant, car c'est
une action personnelle et persécutoire de la chose ;
donc elle passe aux héritiers ; ni la mort du mandataire, parce que, par la même raison, elle est donnée contre ses héritiers ; ni la renonciation du mandataire ; car un droit acquis ne peut nous être en-
levé malgré nous par le fait d'autrui.

La chose n'est plus entière *ex parte mandato-
rii,* « *si quid ei abesse cœpit.* »

Ce qui a lieu pour lui de trois manières :

1° Lorsqu'il a mis à fin le mandat. L'action contraire est née alors, et rien ne la peut enlever, ni
la révocation, ni la mort du mandant, ni celle du
mandataire.

2° Lorsqu'il a commencé l'exécution, mais de
telle sorte qu'il est obligé de l'achever. C'est ce qui
arrive pour le fidéjusseur mandataire du *reus.* Dès

qu'il a promis, les choses ne sont plus entières; car, une fois engagé, il faut qu'il paye.

Si donc il vient à mourir et que son héritier paye, celui-ci a l'action contraire; et *vice versa* si le débiteur meurt, et que le fidéjusseur paye après sa mort.

3° Lorsque le mandataire a préparé l'exécution de telle sorte qu'il peut, sans compromettre l'affaire, la laisser de côté; mais il a fait des déboursés, des frais, etc., l'action contraire est née, et rien ne peut l'empêcher d'avoir son cours.

115. Voyons maintenant l'une après l'autre les causes d'extinction de notre contrat.

### § 1. La révocation.

116. La révocation du mandataire par le mandant met fin au mandat. Cela n'est-il pas contraire à la règle, qu'une fois le contrat formé, il ne peut être mis à néant par la volonté d'un seul des contractants?

Sans doute; mais la dérogation s'explique : 1° Le mandat, étant essentiellement gratuit, constitue pour le mandataire, non pas un droit, mais un devoir; 2° le mandat est un bon office de la part du mandataire; or, on ne rend pas à quelqu'un un bon office malgré lui ; 3° le mandat est affaire de confiance ; si la confiance du mandant s'altère, le contrat ne saurait subsister. (L. 12, § 16.)

117. Mais, pour que la révocation mette fin au mandat, il faut, bien entendu, qu'elle soit connue du mandataire : s'il a eu juste raison de l'ignorer, le contrat a continué d'être.

Si, après vous avoir donné mandat de m'acheter un fonds, je vous ai écrit ensuite de ne pas l'acheter, mais que vous ayez déjà exécuté le mandat, je suis tenu envers vous, « ne damno adficiatur is qui « suscepit mandatum. (L. 15, Paul.)

118. On peut concevoir des cas où la faculté de révocation n'existe pas.

Par exemple, le cas où le mandat est la conséquence d'un autre contrat. Je stipule pour Titius et pour moi ; par cette stipulation, Titius a mandat de toucher la somme promise ; il est *adjectus solutionis gratia*. Puis-je révoquer un pareil mandataire ? Non, car il y a pour le débiteur droit acquis de se libérer en payant entre les mains de Titius ; c'est là une loi du contrat que je ne puis enfreindre.

### § 2. La mort du mandant.

119. La mort du mandant met fin au contrat, parce que l'héritier qui vient le remplacer n'est plus

la personne à laquelle le mandataire avait promis
un service, et qui de son côté avait donné sa confiance au mandataire.

120. Comme la révocation (n° 117), il faut que
la mort du mandant soit connue du mandataire;
s'il l'ignorait, et qu'il ait mis l'affaire à fin, ou qu'il
ait déjà fait des déboursés, l'action contraire lui est
« ouverte : « Quia mandatum morte mandatoris,
« non etiam mandati actio solvitur. » (L. 58, Paul;
l. 77, § 6 *de Legat.*; 2° 26, § 1 *mandati.*)

121. Le principe que le mandat finit par la mort
du mandant reçoit naturellement exception au cas
où l'objet du mandat était une chose à faire *post
mortem mandatoris.*

Nous avons vu plus haut (numéro 44), comment
il fallait entendre cette règle que le mandat peut
être donné *post mortem mandatoris.*

### § 5. La renonciation du mandataire.

122. Le mandataire, par son désistement, [met
fin au mandat, et cela s'explique par les deux der-
nières raisons que nous avons données (au n° 116)
pour la révocation. (L. 22, § 12; 27, § 2.)

123. Mais cette renonciation ne doit pas être in-

tempestive ; elle doit avoir lieu assez tôt pour que le mandant soit encore à même d'exécuter la chose ou de la confier à un autre.

Nous avons expliqué ce point plus haut (V. *supra* n° 48.)

124. Voilà pour la renonciation libre, sans motif grave ; mais si le mandataire invoquait de légitimes excuses, il pourrait renoncer, même tardivement, en tout état de cause. Ce serait par exemple une maladie, une inimitié capitale survenue entre le mandant et lui, l'insolvabilité du mandant qui rendrait son recours illusoire, un voyage nécessaire, etc. (L. 23, 24, 25 *mandati*. Paul, sent. 2. 15, § 1.)

### § 4. La mort du mandataire.

125. La confiance donnée au mandataire est toute personnelle ; elle ne passe pas à ses héritiers. Voilà pourquoi sa mort met fin au contrat. (L. 14, *mandati*.)

126. Cependant, si l'affaire n'était plus entière, l'héritier serait tenu de l'achever, et le mandant de lui rembourser, non-seulement ce qui avait été dépensé par le mandataire, mais ce qu'il a déboursé lui-même depuis la mort de son auteur.

C'est la même obligation que celle qui incombe, en matière de société, à l'héritier de l'associé défunt.

---

# DE LA COMMISSION EN GÉNÉRAL.

## Art. 91-95, C. de com.

---

### INTRODUCTION.

### Aperçu historique sur l'origine de la Commission.

**127.** Si jamais la phrase de Cicéron, qui sert d'épigraphe à cette thèse, est vraie, si jamais l'homme a besoin de multiplier son activité en empruntant l'activité d'autrui, c'est assurément dans le commerce. Le commerce est cosmopolite; il a le monde pour marché. Y faire tout par soi-même, est une chimère qui ne peut s'arrêter longtemps dans l'esprit du commerçant le moins audacieux; car elle paralyserait immédiatement les spéculations les plus simples.

De là cette multitude d'intermédiaires que nous voyons s'agiter dans le monde commercial, et par le moyen desquels, comme dit Savary, les marchands et banquiers peuvent négocier dans tout l'univers, sans sortir de leur magasin ou comptoir.

128. Dans l'inexpérience des premiers temps, l'idée toute naturelle que suggère au commerçant cette nécessité des intermédiaires, c'est d'établir çà et là, dans les places qui servent de théâtres à ses opérations, des succursales, des comptoirs, à la direction desquels il prépose des commis, des gens à gages, et qui reçoivent la vie de l'établissement principal, centre des affaires et des spéculations.

129. Mais bientôt la préposition ne suffit plus : on en aperçoit les inconvénients. D'une part, des comptoirs à entretenir, des commis plus ou moins nombreux à payer, à faire vivre, c'est une lourde charge pour le budget de notre commerçant ; d'autre part, le préposé n'étant rien par lui-même, n'ayant pas une position, une solvabilité qui lui soient propres, ne trouve, auprès des tiers, d'autre confiance que celle dont jouit son maître ; il est impuissant à étendre et à fortifier son crédit.

On arrive alors à une autre conception.

Si, au lieu d'établir des comptoirs et de solder des préposés dans les différentes places, le négociant s’adressait sur ces places à des négociants comme lui, et les priait de faire, pour son compte, telles et telles affaires, moyennant tant pour cent sur chacune, un premier résultat, fort important, serait obtenu : l’économie des frais généraux.

Si, allant plus loin, le correspondant consentait à traiter en son nom les affaires qui lui sont confiées ; si, encouragé par des sûretés particulières, il pouvait, sans crainte, ouvrir sa bourse au commettant, alors un bien plus grand progrès serait atteint ; car l’activité commerciale aurait trouvé, dans une pareille combinaison, trois précieux éléments : la célérité, le secret, le crédit.

La célérité, puisqu’agissant en son nom, le correspondant n’aurait pas besoin d’exhiber à chaque instant sa procuration ; le secret, puisque le nom du commettant ne serait pas divulgué ; le crédit, puisque le commettant trouverait dans le crédit et dans la caisse de son correspondant, de fécondes ressources.

On aurait alors le commissionnaire, c’est-à-dire, non seulement un intermédiaire utile, économique, mais un auxiliaire puissant, une source de crédit et d’activité.

130. Nous allons voir, dans un très rapide aperçu, ces données théoriques se réaliser par l’histoire.

131. A Rome, les entreprises commerciales s’effectuaient par des préposés, par ces institeurs, dont

nous avons plus haut indiqué le rôle, et l'utilité (nos 109-111). Rien ne prouve, comme le dit M. Troplong, qu'on y ait eu l'idée du mandataire commercial, du commissionnaire: et cela s'explique aisément; tant par le dédain des hommes libres pour le commerce, et par la faiblesse des notions d'entreprise et de crédit, que par cette circonstance que le mandat, étant essentiellement gratuit, répugnait ainsi, par son essence même, à devenir un moyen de négoce.

132. En France, au moyen âge, la préposition domine encore: et le mandat reste étranger au commerce. Il y a à cela beaucoup de raisons; d'abord presque toutes celles que nous venons de relever en droit romain: ensuite un autre obstacle, qui était de nature à entraver la marche du progrès commercial lui-même, opposait à la naissance de la commission une barrière qui pouvait paraître infranchissable: je veux dire la prohibition du prêt à intérêt. Comment, avec cette prohibition, le correspondant serait-il encouragé à faire des avances à son commettant? On ne fait rien pour rien dans le commerce, surtout des avances de fonds et de crédit.

133. Mais, avec le tems, l'industrie parvint à s'affranchir de toutes ses entraves.

La concurrence, qui sollicite l'économie dans les frais généraux, démontra bientôt les inconvénients susindiqués des comptoirs et des préposés : le mandat entra dans le commerce comme un moyen d'action plus parfait ; mais il n'y pouvait entrer que modifié.

Le commissionnaire put, en effet, sans convention, et d'après l'usage constant, réclamer, sous le nom de droit de commission, le salaire de ses soins et de son travail.

Il eut aussi action pour se faire rembourser non-seulement ses avances et ses frais en capital, mais encore l'intérêt de ses déboursés, du jour où ils avaient eu lieu.

134. Ce dernier résultat, si important, ne fut pas l'œuvre d'un jour, mais d'une lutte où l'adresse la plus ingénieuse et la plus subtile, les inventions les plus inattendues, les détours les plus fins, dûrent être employés pour arriver à faire triompher cette idée si simple, que le loyer d'un capital en argent ou en marchandises est aussi légitime que le loyer d'une terre ou d'une maison ; et que le *mutuum date nihil inde sperantes*, n'était qu'un admirable conseil de charité et de fraternité. Histoire curieuse et pleine d'instructions que l'histoire de cette lutte, et qui démontre bien la vérité de ce principe, que les prohibitions déraisonnables sont d'impuissantes barrières, et que la vérité, la raison, la liberté, finissent toujours par les franchir !

135. La commission était trouvée ; mais quelque chose encore lui manquait : c'était d'être un instru-

ment de crédit. Quelle garantie, en effet, le correspondant trouvait-il de ses déboursés, de ses avances? La solvabilité du commettant, le droit de rétention? Ce n'était pas assez! Un privilége lui fut accordé.

Ce privilége, qui n'est pas mentionné dans l'ordonnance de 1673, ni dans le commentaire que Jousse en a donné, est positivement énoncé et expliqué par Valin, dans son commentaire de l'ordonnance de marine de 1681.

Son existence, qui a été déniée par M. Vincens, (t. 2) est donc un fait hors de doute.

Le doute n'existait que dans l'application, et cette application donnait lieu à de sérieuses controverses; il en est toujours ainsi quand c'est l'usage qui fait loi.

Quoi qu'il en soit, ce n'est pas le commerce moderne qui a invité la commission; il l'a reçue de notre ancienne pratique. Le code de commerce n'a fait que la constater, brièvement, en insistant surtout sur le privilège du commissionnaire, afin de faire cesser les doutes et les difficultés sur ce point. Nous verrons s'il y a complétement réussi.

137. Du reste, que cette brièveté ne nous étonne pas. Au fond, la commission n'est rien autre chose qu'un mandat. Les règles du mandat (art. 1984 et s. c. civ.) lui sont donc applicables, toutes les fois qu'il n'y est pas formellement dérogé par la loi commerciale et par l'usage.

# CHAPITRE 1er.

## DU CONTRAT DE COMMISSION.

Définition et nature du contrat de commission; —ses éléments essentiels; — comment il se forme; comment il se prouve.

### SECTION I.

#### Définition et nature du contrat de commission.

**138.** MM. Delamarre et Lepoitvin dans leur remarquable traité de la commission, ont donné de ce contrat une définition qui me paraît excellente : « C'est un contrat, disent-ils, par lequel l'un des contractants donne le pouvoir de faire pour lui une ou plusieurs opérations de commerce individuellement déterminées, à l'autre contractant qui s'oblige à les traiter ou conclure, soit sous un nom social ou dans le sien propre, soit au nom du commettant, et à en rendre compte. »

La comparaison de la commission avec certains agissements qui s'en rapprochent, achèvera d'éclairer cette définition, et nous en démontrera la justesse.

**139.** 1° Avec la gestion d'affaires.

La commission est un contrat; ce caractère la distingue nettement de la gestion d'affaires, qui est l'acte de celui qui, sans mandat, gère les affaires d'autrui. Je renvoie sur l'intérêt de cette distinction, à ce que j'ai dit, en droit Romain, de la différence du mandat et de la *negotiorum gestio*.

150. 2° Différence avec le mandat.

Ici, il y a une controverse sur laquelle il faut prendre parti.

Un premier système, comparant l'art. 1984 du C. Nap. qui définit le mandat, avec l'art. 91 C. de com. qui définit le commissionnaire, trouve la différence des deux contrats dans ce fait, que le mandataire agit au nom du mandant, tandis que le commissionnaire agit en son propre nom.

C'est là, dit-on, ce qui fait l'originalité et l'utilité de la commission : c'est ainsi qu'on arrive à la satisfaction des deux besoins essentiels auxquels elle répond : le secret et la célérité (V. n° 29.)

Dès-lors, aucune relation entre les tiers et le commettant; tout se passe entre les tiers et le commissionnaire; tandis que, dans le mandat, le mandataire s'efface, et laisse le mandant en face des tiers.

Il est si vrai que telle est la loi, que l'art. 92, supposant que le correspondant (qu'il appelle improprement un commissionnaire), agit au nom du commettant, renvoie positivement au Code Nap. pour la détermination de ses droits et de ses devoirs.

141. Ce système, professé par MM. Pardessus et Bravard, ne me paraît pas juste.

D'abord, je crois qu'il est inexact de dire que le mandataire agit toujours au nom du mandant. L'art. 1984 C. c. donne bien cette définition ; mais l'art. 1984 ne parle que *de eo quod plerumque fit*. Il est incomplet.

Nous en avons la preuve dans l'art. 1997 : « *Le mandataire qui a donné à la partie avec laquelle il contracte en cette qualité une suffisante connaissance de ses pouvoirs, n'est tenu d'aucune garantie pour ce qui a été fait au-delà, s'il ne s'y est personnellement soumis.* » Ne résulte-t-il pas, *a contrario*, de ce texte, que le mandataire qui n'a pas donné connaissance de son pouvoir, qui a agi en son propre nom, est tenu directement envers les tiers avec lesquels il a contracté ?

Je laisse le législateur lui-même répondre à cette question : « La garantie ne serait due par le mandataire, disait M. Tarrible au tribunat, que dans le cas où il aurait caché aux tiers contractants la vraie mesure de ses pouvoirs, ou bien dans celui où il s'y serait personnellement et expressément soumis en son propre nom. »

Le mandataire peut donc, sans cesser d'être mandataire, agir en son propre nom.

D'ailleurs, telle était la doctrine de l'ancien droit, notamment celle de Pothier : on n'aperçoit pas par quelle raison secrète les législateurs de 1804 auraient voulu rompre avec ce passé.

142. Maintenant, prenons l'autre terme de la comparaison : Le commissionnaire défini par l'art. 91, « *celui qui agit en son propre nom pour le compte d'un commettant* », ne peut-il pas agir aussi au nom du commettant ?

Oui, indubitablement d'après l'art. 92 : « Les droits et les devoirs du commissionnaire qui agit au nom d'un commettant, sont déterminés par le C. civil, livre 3, titre 13. »

Mais, dit-on, il y a là une erreur de langage ; ce qui le prouve, c'est le renvoi au C. civil : le commissionnaire de l'art. 92 n'est rien autre chose qu'un mandataire.

Soit, c'est un mandataire ; mais, alors, il faut être conséquent, et décider qu'il n'aura pas droit à un salaire, s'il n'y a convention expresse (art. 1986), ni au privilége de l'art. 93 ; car ce privilége n'appartient qu'au commissionnaire.

Or, je ne sache pas que les auteurs qui professent le premier système poussent la logique jusque-là : c'est leur condamnation !

143. Concluons donc que la loi commerciale a entendu qu'il y aurait deux sortes de commissionnaires : celui qui agit *proprio nomine*, et celui qui

agit *procuratorio nomine*. Et elle a été sage de le vouloir ainsi. Chacun de ces commissionnaires répond à des besoins particuliers.

Nous savons l'utilité de celui qui agit en son propre nom (V. n^os 129 et 140) : l'utilité de celui qui agit au nom du commettant est aussi incontestable.

N'y a-t-il pas des cas où il sera avantageux de nommer le commettant, quand, par exemple, son crédit personnel sera de nature à faciliter la transaction, plus que le crédit du commissionnaire ? ou bien, à l'inverse, quand l'insolvabilité du commettant sera douteuse, le commissionnaire ne trouvera-t-il pas, dans l'agissement *procuratorio nomine*, un moyen commode de se mettre en garde, puisque alors le commettant et les tiers se trouveront directement en rapport.

Ce n'est, en effet, que dans les rapports avec les tiers qu'il existe une différence entre les deux commissionnaires. Nulle différence dans les rapports réciproques des parties contractantes.

144. Telle est l'opinion que je crois devoir adopter : c'est celle de MM. Delamarre et Lepoitvin, de M. Clamageran, etc. Du reste, il faut bien l'avouer, la divergence entre les auteurs est toute théorique.

En pratique, il y a une conciliation évidente entre les deux opinions : presque toujours le mandataire agit au nom du mandant, et presque toujours le commissionnaire agit en son propre nom : c'est son rôle normal. (V. la 1re intr.)

145. Si la différence entre le mandat et la commission n'est pas celle qu'indique l'opinion que nous venons de repousser, quelle est la différence ?

C'est tout simplement que la commission a pour objet une affaire, une opération commerciale, tandis que le mandat a pour objet une opération civile. (V. *infra* n°° 154, 159.)

3° Différence avec le louage d'industrie.

146. « Aux termes de l'art. 91, dit M. Clamageran (Louage d'industrie, mandat, etc., n° 343), le commissionnaire est celui qui agit... pour le compte d'un commettant. » Ces mots me paraissent singulièrement expressifs. En effet, agir pour le compte de quelqu'un, ce n'est pas seulement faire quelque chose, c'est faire un acte pour lui, un acte dans le sens juridique, un acte qui crée des liens de droit, qui entraîne des obligations. Cela seul suffit pour distinguer la commission du louage d'industrie; car l'objet du louage d'industrie, c'est un certain travail, un fait purement matériel ou intellectuel, fait qui peut être considéré comme l'exécution d'un engagement, mais qui n'en crée aucun. »

4° Différence avec la préposition.

147. L'objet de la commission, d'après notre définition, c'est une opération de commerce individuellement déterminée; c'est ce qui la distingue de la

préposition. Le préposé est une personne revêtue d'une certaine délégation qui embrasse une série d'actes, d'opérations, la direction d'un comptoir, d'une succursale, etc. (V. *supra* n°° 128, 129.)

J'ajoute que le préposé est le plus souvent un homme à gages, un commis, etc., tandis que le commissionnaire est un commerçant indépendant qui ne relève que du public. (V. l'art. 632 du C. c. qui fait la distinction).

5° Différence avec le courtage.

148. Le commissionnaire intervient activement dans l'opération qu'il traite; il contracte, il agit pour le compte d'autrui. Le courtier ne conclut rien ; organe des des deux parties contractantes, il les rapproche et les met en présence, voilà tout; à proprement parler, il n'agit pas ; aussi n'a-t-il aucun compte à rendre. (Art. 86, com.)

Ajoutez que le courtier est un officier public, ce que n'est pas le commissionnaire.

149. Il en est de même de l'agent de change; mais, en pratique, et pour se conformer à l'art. 19 de l'arrêté du 27 prairial an x qui lui fait une obligation de garder le secret le plus inviolable aux personnes qui l'auront chargé de négociations, l'agent de change contracte véritablement, agit pour le compte de son client, traite en un mot l'opération directement et en son nom. Dès lors c'est un commissionnaire, ce n'est plus un agent intermédiaire.

150. Le contrat de commission est un contrat *consensuel*. (V. *infra*, n° 160.)

*A titre onéreux.* Il faut, en effet, renverser l'art. 1986 C. c. et dire : « La commission est à titre onéreux, s'il n'y a convention contraire. » Nous développerons plus bas cette idée, qui est la conséquence nécessaire de ce que notre contrat est un moyen de commerce.

*Synallagmatique.* A la différence du mandat qui est de la classe de ces contrats que la doctrine appelle *synallagmatiques imparfaits*, celui-ci est synallagmatique parfait. Dès le principe, en effet, il y a obligation des deux parts. De la part du commissionnaire, obligation de mettre à fin l'opération qui lui est confiée ; de la part du commettant, obligation de payer le salaire.

151. Est-il nécessaire, pour qu'il y ait commission, que les parties contractantes résident dans des lieux différents ?

Sans doute, en fait, cette circonstance se présentera fréquemment ; mais nulle part, elle n'est exigée comme une condition essentielle. Il y a plus, l'art 95 du code de C. suppose que le commissionnaire et le commettant résident dans le même lieu.

SECTION II.

Élémens essentiels de la commission.

152. Deux choses sont de l'essence de la com-

mission: 1°une opération commerciale à gérer (*res*); 2° Le consentement des parties contractantes (*consensus*).

Je n'ajoute pas: un salaire à payer au commissionnaire ; parceque le salaire n'est pas de l'essence, mais seulement de la nature du contrat ; une clause particulière peut l'exclure, sans que le contrat en soit altéré (V. *supra*, n° 150).

§ I. De l'opération commerciale.

153. Tout ce qui a été dit en droit romain de l'affaire objet du mandat, et des conditions qu'elle doit réunir, convient à l'affaire, objet de la commission ; et pour, éviter des répétitions inutiles, il suffit de s'y reporter (V. *supra*, n° 6-30).

Je n'insisterai ici que sur le caractère commercial de l'opération à traiter.

154. Sans entrer dans la longue et difficile théorie des actes de commerce, rappelons que la doctrine, en général, en distingue trois classes: 1° ceux qui ont par eux-mêmes le caractère commercial : tels sont, les lettres de change, les opérations de banque, les actes du commerce maritime (art. 632, 633 C.) — 2° Ceux qui sont réputés commerciaux par la qualité des personnes qui les ont faits ou fait faire. (631 § 1, 658 § 2. c.) 3° Ceux qui ne doivent

cette qualité qu'à l'intention de ceux qui les font par eux mêmes ou par autrui (632, n° 2. 638 § 1).

155. Au point de vue de notre contrat, pas de difficulté quant à la première classe.

Si, au lieu de tirer par moi-même une lettre de change, je donne mission à Paul de la tirer pour moi; évidemment l'acte ne change pas pour cela de nature. Il reste, comme devant, un acte de commerce, et nous avons le contrat de commission, et non de mandat. (N° 145).

156. Quant aux deux autres classes, pas de difficulté encore, quand l'acte est commercial à l'égard des deux parties.

Par ex. : Pierre, qui est commerçant, se charge de vendre une partie de marchandises, par exemple: des draperies, que Paul, manufacturier, lui a consignées.

Nul doute, qu'en ce cas, il n'y ait commission et non mandat.

157. Mais la difficulté devient sérieuse, lorsque l'opération n'est commerciale que d'un côté, du côté du mandant ou du côté du mandataire. Cela suffit-il pour qu'il y ait commission? Auquel des deux contractants faut-il emprunter sa qualité ou son intention pour caractériser le contrat?

Prenons des exemples pour éclairer les idées sur ce point : Un propriétaire ou vigneron, d'après l'art. 638, ne fait pas acte de commerce quand il vend les fruits et denrées de son cru. Qu'arrivera-t-il s'il charge un commerçant de les vendre pour son compte? La qualité du mandataire rendra-t-elle l'acte commercial? Dès-lors, y aura-t-il commission?

*Vice versa.* C'est le commerçant qui charge le non-commerçant de vendre pour son compte des marchandises, ou bien c'est un non-commerçant qui charge un non-commerçant de lui acheter des marchandises qu'il se propose de revendre. (Art. 632, n° 2.

Dans ces différents cas, y a-t-il commission?

158. Avant de donner la solution, j'en rappelle l'intérêt.

S'il y a commission : 1° un salaire est dû, sans convention, au mandataire. (N° 150.)

2° Il a un privilége particulier qui lui garantit le remboursement de ses avances (art. 93).

3° Pour interpréter et compléter les conventions des parties, les usages du commerce devront être invoqués, etc.

Rien de tout cela s'il y a mandat.

159. MM. Delamarre et Lepoitvin enseignent, sans faire aucune distinction, qu'il y a commission dès que l'opération est commerciale d'un côté ou d'un autre. (T. I, n. 40-47.)

Mais je crois cette décision trop absolue ; et j'estime meilleure celle que propose M. Clamageran. (N. 348 et 349.)

Il faut distinguer si le mandataire agit en son propre nom ou au nom du commettant.

Agit-il en son propre nom? alors, c'est son intention et sa qualité qui qualifient l'opération : le mandant n'y entre pour rien.

Agit-il au nom du mandant? ce n'est plus lui qui agit, c'est le mandant : c'est donc la qualité et l'intention du mandant qui qualifieront l'opération.

Ainsi, pour reprendre nos exemples de tout à l'heure (n° 157) : Si le propriétaire charge un commerçant de vendre les denrées de son cru, y a-t-il commission?

Distinguons : Le commerçant agit-il au nom du propriétaire? C'est le propriétaire lui-même qui vend ; l'autre n'est que son organe, son *nudus minister*. L'opération reste donc non-commerciale; il y a mandat et non commission.

Le commerçant agit-il en son propre nom? Alors le propriétaire s'efface ; la personnalité du commerçant, au contraire, se place au premier plan. Dès-lors, c'est lui qui agit, et d'après les art. 630 et 638, c'est sa qualité qui doit caractériser l'opération. Elle est commerciale, il y a commission.

§ 2.
Du consentement.

160. Cette condition est la base essentielle de tout contrat. ( V. n. 37-40 ).

Nous verrons plus bas comment doit se formuler le consentement (section 3). Constatons seulement que l'opération commerciale étant en quelque sorte l'élément réel du contrat, le consentement en est l'élément personnel, et occupons-nous ici des personnes, et de la question de capacité.

161. Pour qu'un contrat soit valable, régulier, il faut que le consentement émane de personnes capables, si l'un des contractants seul est capable, le contrat n'existe que vis-à-vis de lui, il est irrégulier, boiteux, annulable de l'autre côté.

Cette règle générale s'applique à la commission, mais il faut faire une importante distinction.

Quand le commissionnaire agit au nom du commettant, si le commettant est capable, le commissionnaire peut ne pas l'être; ce peut être, par exemple, un mineur, une femme mariée, non-autorisée... L'opération n'en sera pas moins conclue régulièrement. Pourquoi? parce que dans ce cas c'est le commettant, non le commissionnaire, qui agit. Ce n'est qu'entre les parties que le contrat ne sera pas pleinement valable; le commissionnaire pourra invoquer son incapacité pour se soustraire à ses obligations. (Art. 1990).

Quand, au contraire, le commissionnaire agit en son propre nom, il doit être capable; car alors, c'est lui qui agit, qui engage les tiers, qui s'oblige envers eux. Que si les tiers consentaient à traiter avec lui, ils en subiraient les conséquences ; ni eux, ni le commettant ne pourraient se prévaloir de son incapacité.

Seulement il pourrait y avoir lieu contre le commissionnaire à une action *de in rem verso* ; et s'il était *doli capax*, il pourrait encourir, en cas de violation du mandat, l'application de l'art. 408, C. P.

162. Du reste ici, comme ailleurs, la capacité est la règle, l'incapacité l'exception ; toute personne peut être commissionnaire, excepté celles qui en sont empêchées, comme incapables, par une disposition expresse de la Loi.

163. Est-il nécessaire d'être commerçant, soit, pour donner, soit pour recevoir commission ?

Nullement.

L'art. 91 définit le commissionnaire *celui qui agit...* et non pas le commerçant qui *agit...*

D'autre part, il résulte de l'art. 632, n. 3, que la commission n'est une profession, un négoce, que lorsqu'il y a entreprise de commission.

164. Mais ceux auxquels la loi interdit les actes de commerce, ne peuvent pas faire la commission, puisque l'objet de ce contrat est un acte de commerce.

Tels sont les agents de change et courtiers, d'après l'art. 85 com.; les notaires, d'après l'art. 12

de l'ordon. de 1843 ; les fonctionnaires publics (art. 175 et 176, C. P).

165. Une société, comme un particulier, peut être commissionnaire ; c'est ce qui résulte de l'art. 91. « Le commissionnaire est celui qui agit en son propre nom, ou sous un nom social pour le compte d'un commettant.

166. Mais ces mots « ou sous un nom social. » font naître une question : une société anonyme peut-elle être commissionnaire?

Non, pourrait-on répondre, au vu de l'art. 91. Cette société ne peut agir sous un nom social, puisqu'elle n'a pas de nom !

Mais ce serait une subtilité. Une pareille opinion violerait le grand principe, d'après lequel la société commerciale est une personne commerçante, capable de faire tout acte de commerce, si elle n'en est expressément empêchée par la loi.

L'art. 91 n'a pas cette portée. Seulement il est rédigé en vue de la pratique ; or, il est rare, peut-être inoui, qu'une société anonyme se forme pour faire la commission, et cela se conçoit ; la société anonyme, avec ses mandataires salariés et irrévocables, ne pourrait réunir les qualités d'un bon commissionnaire : l'unité de vues et la célérité.

## Section 2.

### De la formation du contrat de commission.

167. Comme presque tous les contrats de notre droit français, la commission est un contrat consensuel. Peu importe la manière dont le consentement se manifeste ; pourvu qu'il soit évident, incontestable, cela suffit ( V. n. 37-40. )

Ainsi, la commission peut se former, par écrit, par exemple (et c'est le cas le plus fréquent), au moyen de lettres missives.

Elle peut se former verbalement, par signes; ainsi à la Bourse, il arrive quelquefois que les agents de change, placés dans la corbeille, inaccessible au vulgaire, vendent ou achètent sur un signe de leur client.

Elle peut même se former tacitement. La question se discute en droit civil, elle est indiscutable en droit commercial. Ainsi, un de mes correspondants, à mon insu, a commencé à gérer pour moi une ou plusieurs affaires. Averti de cette gestion, je lui écris : continuez, j'approuve ; ou bien je ne dis rien et laisse faire ; le contrat de commission est formé.

168. Mais le moyen usuel et normal de formation, c'est la correspondance, et sur ce point, se

présente une question délicate. A quel moment précis les lettres missives établissent-elles la date du contrat?

Il faut distinguer :

Si l'initiative vient du commettant, le contrat est parfait du jour de l'acceptation par le commissionnaire, et cette acceptation peut être tacite, résulter, par exemple, de l'exécution.

Si l'offre, au contraire, vient du commissionnaire, le contrat n'est parfait que du jour où le commettant a répondu qu'il acceptait ; le concours des volontés n'a eu lieu, en effet, que ce jour-là, jusqu'à ce jour, le commissionnaire a pu retirer ses offres.

SECTION 4.

De la preuve du contrat de commission.

169. En combinant les preuves du droit commun avec les preuves particulières énumérées dans l'art. 109 C. com., applicable à la commission, d'après tous les auteurs, on arrive à reconnaître que ce contrat peut se prouver de dix manières :

1° Par actes publics ou notariés, ce qui sera extrêmement rare. Car les transactions commerciales ne se constatent pas souvent par devant notaire.

2° Par actes sous seings privée; ce qui sera très rare encore dans la rapidité des affaires et des spéculations ; en tout cas, on reconnaît généralement que les art. 1325 et 1327 C. C., concernant la formalité des doubles, et celle du bon ou approuvé, ne sont pas applicables au commerce.

3° Par le bordereau ou arrêté d'un agent de change ou courtier dûment signé par les parties. La preuve avec ce moyen serait complète dans le cas où la commission serait l'affaire même traitée par l'entremise du courtier.

Ainsi, un colon de la Guadeloupe débarque avec une cargaison de denrées coloniales. Désirant repartir sur le champ, il lui faut un commissionnaire, auquel il puisse consigner ces denrées, et qui se charge de les détailler. Un courtier se met en quête, et trouve le commissionnaire demandé. Il dresse alors une sorte de procès-verbal de l'opération et le fait signer des deux parties. C'est le bordereau dont parle l'art. 109, et, selon la plupart des auteurs, ce procès-verbal, émané d'un officier public, fait foi jusqu'à inscription de faux.

4° Par une facture acceptée. « La facture, disent MM. Delamarre et Lepoitvin, est un état ou bref inventaire, indiquant la qualité, la quantité et le prix des marchandises. »

Ainsi, Pierre expédie à Paul facture, article par article, de marchandises à vendre pour son compte. Pierre la reçoit et la garde sans rien dire. Procuration expresse d'un côté, acceptation tacite de l'autre : voilà le contrat formé, un moyen de preuve établi.

5° Par la correspondance des parties. (V. *supra*, n. 167 et 168.)

6° Par les livres des parties (art. 12 C.) avec la ressource supplétive du serment au profit de celui dont les livres sont réguliers (art. 1329 C. c.)

7° Par la preuve testimoniale dans les cas où le tribunal croira devoir l'admettre.

8° Par les présomptions (1349 et suiv. C. c.

9° Par l'aveu (1354 et suiv. C. c.)

10° Par le serment (1357 et suiv. C. c.)

## CHAPITRE II.

### DES EFFETS DU CONTRAT DE COMMISSION.

*Première partie :* Obligations du commissionnaire. — Comment sont garantis les droits du commettant.— *Deuxième partie :*Obligations du commettant. Comment sont garantis les droits du commissionnaire.

170. Nous l'avons déjà dit (n° 137), la commission, c'est le mandat modifié pour les besoins du commerce. C'est donc au Code civil (art. 1991-2003) que nous irons chercher les règles générales; et c'est dans leur combinaison avec la loi commer-

ciale, et les usages du commerce, que devra se trouver la solution des difficultés de notre matière.

# PREMIÈRE PARTIE.

OBLIGATIONS DU COMMISSIONNAIRE.— GARANTIES DES DROITS
DU COMMETTANT.

## SECTION I.

### Obligations du commissionnaire.

#### § I. Envers le commettant.

171. Le commissionnaire peut être obligé envers le commettant, avant même d'avoir accepté la
commission. Ainsi, on décide généralement qu'il
est tenu : 1° De donner immédiatement avis de son
refus. Son silence, en effet, peut faire croire à une
acceptation : cette acceptation se présume avec
d'autant plus de facilité que, le plus souvent, le
commissionnaire fait son métier de la commission,
et sollicite ainsi la confiance du public.

2° De veiller à la conservation des marchandises
expédiées par le commettant, jusqu'à réponse ou
nouvel ordre de celui-ci.

Si le commettant tarde à répondre à la lettre annonçant le refus de la commission et l'arrivée des marchandises, le commissionnaire pourra s'adresser au tribunal de son domicile, se faire autoriser à vendre les marchandises jusqu'à concurrence de ses avances et frais, et faire élire un dépôt pour ce qui reste.

**172.** Mais faut-il aller plus loin, et dire que le commissionnaire peut être obligé d'accepter la commission ?

Oui, disent MM. Delamarre et Lepoitvin, si l'affaire est tellement urgente, que l'exécution, sans coûter beaucoup de peine et de frais au commissionnaire, doit préserver le commettant d'un très grand préjudice ; tel serait, par exemple, l'ordre de faire protester un billet, d'interrompre une prescription, etc.

Cette proposition, contestée par certains auteurs, tels que MM. Persil et Croissant. (*Des commissionnaires*) me paraît exacte, renfermée dans les termes où nous l'avons exposée. Une pareille règle est, je crois, conforme aux pratiques du commerce, où la maxime : Faites pour autrui ce que vous voudriez qu'on fît pour vous-même, n'est pas une maxime purement évangélique.

**173.** Passons maintenant aux obligations qui naissent de l'acceptation de la commission.

Ces obligations se réduisent à trois principales :

Le commissionnaire doit : 1° exécuter la commission ; 2° gérer l'opération comme un bon commerçant; 3° rendre compte au commettant.

1° Le commissionnaire doit exécuter la commission.

174. C'est-à-dire qu'il doit mettre à fin, l'affaire à lui confiée, ainsi que les dépendances de cette affaire (art. 1991, 1372, C. c.).

S'il ne le fait pas, il sera condamné à des dommages-intérêts, (art. 1142), envers le commettant, à moins qu'il ne prouve que l'inexécution ne lui est pas imputable, qu'elle provient d'un cas fortuit ou de force majeure. A l'impossible nul n'est tenu.

175. Un mot du cas fortuit et de la force majeure; les deux sont confondus dans l'art. 1148, C. c. 1773 *ib.*, 310, 325 co. ; et le législateur en a donné dans la discussion, qui eut lieu au conseil d'État sur l'art. 98, co. une excellente définition :

« Ce sont les accidents que la vigilance et l'industrie des hommes n'ont pu prévenir ni empêcher.»

La question sera donc celle-ci : le commissionnaire qui arguë d'un cas fortuit, a-t-il pu le prévenir ou l'empêcher? a-t-il manqué d'industrie ou de vigilance?

A qui à faire la réponse? Est-ce au commettant à prouver que le commissionnaire est en faute? Est-ce au commissionnaire à prouver qu'il est sans faute, qu'il a fait tous ses efforts, mis en œuvre toute son industrie pour prévenir ou empêcher l'accident?

C'est au commissionnaire à prouver le cas fortuit (art. 1302, C. c.,) ce qu'il peut faire par tous les moyens en son pouvoir, preuves écrites, lettres témoins, etc. L'art. 97 mentionne une exception à cette règle pour le commissionnaire de transport : il ne peut prouver le cas fortuit qu'au moyen d'un procès-verbal régulier.

Une fois prouvé le cas fortuit, il y a présomption que le commissionnaire est sans faute, c'est donc au commettant à prouver que le commissionnaire est en faute, et qu'ainsi le cas n'est pas véritablement fortuit (art. 1808 C. N.).

176. Les conventions légalement formées font la loi des parties (1134, C. c.); si donc le commissionnaire s'est chargé des cas fortuits, il en doit répondre.

177. Le commissionnaire peut-il, se dispenser d'exécuter son mandat, en y renonçant? Jusqu'où s'étend cette faculté de renonciation? L'article 2007 du Code civil, qui régit celle du mandataire, s'applique-t-il complétement en matière de commission ?

Il ressort de cet article que le mandataire peut renoncer au mandat à volonté, pourvu qu'il notifie sa renonciation au mandant, et qu'elle ne lui nuise en rien, lorsque les choses sont encore entières.

Rien ne s'oppose à ce que la même faculté appartienne au commissionnaire.

Que si la renonciation préjudicie au mandant, le mandataire ne peut renoncer qu'à charge de l'indemniser, s'il n'a lui-même à éprouver de la continuation du mandat qu'une perte légère et médiocre.

Rien ne s'oppose encore à ce qu'il en soit de même du commissionnaire.

178. Mais les derniers mots de l'art. 2007, donnent lieu à difficulté. « Néanmoins si cette renonciation préjudicie au mandant, il devra en être indemnisé par le mandataire, à moins que celui-ci ne se trouve dans l'impossibilité de continuer le mandat sans en éprouver lui-même un préjudice considérable. »

Le commissionnaire peut-il renoncer, sous prétexte qu'il éprouverait à continuer l'affaire un préjudice considérable?

Non. Le commissionnaire reçoit un salaire; par sa profession, il utilise son crédit et ses capitaux; enfin il a la garantie d'un privilége qui n'appartient pas au mandataire du droit civil. S'il éprouve quelque perte par suite de la gestion qu'il a entreprise, c'est un commerçant qui a fait une mauvaise spéculation et qui ne peut s'en prendre qu'à lui-même.

179. Mais ce n'est pas à dire que le commissionnaire ne puisse jamais renoncer.

Il peut renoncer si, depuis l'acceptation du mandat, le dérangement des affaires du commettant,
devient tel que le commissionnaire puisse craindre
de se trouver en perte.

Le Code espagnol (art. 125) contient pour ce cas
de renonciation une disposition particulière.

Mais il faut que ce dérangement se manifeste par
des faits concluants et précis : par exemple, une demande en séparation de biens formée par la femme
du commettant contre son mari, etc.

180. Citons encore, comme juste cause de renonciation, la maladie du commissionnaire; cas du reste
qui pourrait rentrer dans le cas fortuit.

181. Faut-il ajouter, comme en droit romain,
l'animitié capitale?

Non. Le contrat de commission n'a pas l'amitié
pour mobile.

182. Le commissionnaire peut-il, dans l'exécution
du mandat, se donner un substitué? Ne le doit-il pas
quelquefois? Les règles du mandat civil sur ce point
sont-elles toutes applicables à la commission? (article 1994 C. c.)

Voilà d'importantes questions: leur solution exige
un certain nombre de distinctions.

Trois hypothèses, en effet, sont possibles : 1° la
substitution est autorisée; 2° elle est interdite; 3° la
procuration est muette sur ce point.

183. *Première hypothèse :* la substitution est au-torisée.

Elle peut l'être de deux manières : 1° à la volonté du commissionnaire ; alors sa liberté est complète, 2° pour le cas où un accident, une circoustance imprévue l'empêcheraient d'agir lui-même. Alors la substitution n'est plus une faculté, c'est un devoir.

184. L'autorisation peut encore être donnée de deux façons quant à la personne à substituer. En effet, cette personne peut être nommément désignée, ou ne l'être pas du tout.

Dans le premier cas, le commissionnaire est lié ; s'il choisissait une autre personne que celle désignée, il répondrait de cette personne.

Que doit-il faire si, depuis la désignation, la personne est devenue insolvable ?

En pareil cas, le mandataire du droit civil devrait aviser immédiatement son mandant.

Le commissionnaire pourra, s'il y a urgence, choisir une autre personne ; et il ne répondra que de son choix.

185. Dans le second cas, lorsque le pouvoir est donné sans désignation de personne, il y a lieu d'appliquer l'art. 1994 2°. Le commissionnaire répond de la personne qu'il a choisie, si cette personne était notoirement incapable ou insolvable, ou mieux encore, si la situation de cette personne était telle qu'il n'aurait pas consenti à suivre sa confiance.

**186.** *Deuxième hypothèse :* La substitution est interdite.

Le commissionnaire qui, en pareille circonstance, se donnerait un substitué ne serait plus qu'un *negotiorum gestor,* agissant malgré le maître, et répondant des faits de son substitué.

**187.** *Troisième hypothèse :* La procuration est muette.

Ici, il faut sous-distinguer : 1° Rien n'empêche le commissionnaire d'agir par lui-même; 2° un accident l'en empêche.

**188.** Dans le premier cas, le commissionnaire qui prendrait un substitué trahirait son mandat, et partant serait responsable de toutes les suites : « *Industria et fides mandatarii,* dit Casaregis, *censetur semper electa, nec alium substituere potest : Si alium eligit, semper ipsius periculo facit.* » (1994 1°.)

**189.** Dans le second cas il faut encore distinguer. L'exécution peut-elle être différée? Alors le commissionnaire doit aviser son commettant; s'il se donnait un substitué de son propre chef, il deviendrait un *negotiorum gestor* responsable des faits du sous gérant.

**190.** Mais, la célérité étant l'âme du commerce, il arrivera presque toujours que l'exécution ne pourra être différée sans préjudice pour le commettant; alors denx questions à résoudre; 1° si le commissionaire se donne un substitué, en répond-il? 2° S'il ne s'en donne pas, répond-il de l'inexécution?

En droit civil, la discussion au conseil d'état, révèle bien positivement, quoi qu'en dise M. Troplong (du Mandat n° 446) que le mandataire, peut, en pareil cas, se donner un substitué, mais qu'il le fait à ses risques et périls.

Faut-il appliquer ces règles au commissionnaire?

Non, ce serait injuste, alarmant pour le commerce, décourageant pour l'utile industrie des commissionnaires.

Le commissionnaire doit se donner un substitué, c'est l'intérêt même du commettant qui l'exige; et il ne répond que de son choix (*ut supra* n° 185)

191. D'après l'art. 99 C. c. le commissionnaire de transport est toujours garant des faits du commissionnaire intermédiaire auquel il adresse les marchandises.

Cette responsabilité rigoureuse, qui remonte assez haut dans l'histoire du droit, (V. les arrêts du parlement de Flandre cités par Merlin v° Commissionnaire) s'explique par l'immense intérêt que le commerce trouve dans l'exactitude et la sécurité des transports.

192. Rappelons, pour l'appliquer au commissionnaire la disposition finale de l'art. 1994 C. c. « Dans tous les cas, le mandant peut agir directement contre la personne que le mandataire s'est substituée.

193. L'exécution de la commission doit être conforme à la volonté du commettant.

Ainsi, en règle générale, le commissionnaire ne peut pas substituer une chose à la chose mandée : il ne le pourrait qu'en présence d'une nécessité impérieuse.

194. Si le lieu où le mandat doit être exécuté a été désigné, ce serait le violer que de l'exécuter ailleurs.

Cette désignation a de l'importance dans un contrat où l'usage des lieux est souvent appelé à régler les rapports des parties.

195. Quand le commettant a fixé le prix soit de vente, soit d'achat, dans quels cas et dans quelles limites le commissionnaire qui le dépasse est-il responsable?

Soit un mandat d'acheter. Pierre écrit à Paul : Achetez-moi 200 hect. de blé à 20 fr. l'hectolitre.

Paul achète à 25 fr. Peut-il contraindre Pierre à prendre le marché en consentant à perdre 5 fr. par hectolitre?

C'est la question examinée en droit romain (n° 82), et sur laquelle il y avait controverse entre les deux écoles.

Nous avons dit que l'équité ne nous semblait pas être du côté de l'affirmative enseignée par Proculus, mais du côté de la négative, opinion des Sabiniens.

Nous en dirons autant ici, en principe du moins,

sauf à tempérer en fait, ce que cette opinion peut avoir quelquefois de rigoureux pour le commissionnaire. Ce qui nous faisait repousser l'idée de Proculus, c'est que la situation du mandataire dans notre espèce est équivoque, qu'il peut se présenter à son gré comme ayant fait l'affaire pour son compte quand il la trouve bonne à garder ; comme ayant agi pour le commettant, quand il préfère s'en décharger. Eh bien ! toutes les fois que les circonstances, les registres, la correspondance et tous autres indices, écarteront cet équivoque et feront apparaître nettement, franchement le commissionnaire comme ayant agi pour son mandant, nous lui donnerons action pour faire prendre le marché à ce dernier dans les conditions sus-indiquées.

196. Soit maintenant une commission pour vendre. Le commissionnaire peut vendre plus cher que le prix fixé ; il ne peut pas vendre moins cher. S'il le faisait il devrait tenir compte de la différence des deux prix. (V. n° 91.)

*Deuxième obligation : Gérer en bon commerçant.*

197. La prestation des fautes en matière de commission, est régie par l'art. 1992 C. c. relatif au mandat : « Le mandataire répond non-seulement du dol, mais encore des fautes qu'il commet dans sa gestion. Néanmoins, la responsabilité relative aux fautes est appliquée moins rigoureusement

à celui dont le mandat est gratuit qu'à celui qui reçoit un salaire.

Deux remarques seulement : 1° le type de la diligence n'est pas comme en matière de mandat, le bon père de famille, mais quelque chose de plus, le bon commerçant ; 2° la commission étant naturellement salariée, la responsabilité des fautes y doit être envisagée rigoureusement.

198. En cas de sinistre, d'incendie par exemple, le commissionnaire doit-il préférer la chose du commettant à la sienne ? Oui, il faut appliquer par analogie l'art. 1882 C. c. Le salaire auquel a droit le commissionnaire est le prix non seulement de son travail, mais des risques qu'il court.

Il en serait autrement si par hasard, le commissionnaire agissait gratuitement.

Que s'il avait à choisir, en pareil cas, entre deux choses appartenant à deux commettants différents, son choix devrait porter sur la plus précieuse.

*Troisième obligation : Rendre compte.*

199. Les art. 1993 et 1996, C. c. doivent s'appliquer sans doute à la commission ; ils sont ainsi conçus : Art. 1993. Tout mandataire est tenu de rendre compte de sa gestion, et de faire raison au mandant de tout ce qu'il a reçu en vertu de sa procuration, quand même ce qu'il aurait reçu n'eût

point été dû au mandant. — Art. 1996. Le mandataire doit l'intérêt des sommes qu'il a employées à son usage, à dater de cet emploi et des sommes dont il est reliquataire, à compter du jour qu'il est mis en demeure. (V. du reste au Dr. r. n. 54-59).

200. L'obligation de rendre compte peut quelquefois en droit civil être épargnée au mandataire; mais c'est là une pure libéralité ; et cette libéralité sera bien plus rare encore en notre matière de la commission qu'en matière de mandat.

201. Par analogie de l'art. 1850 C. c. ; il faut décider que le commissionnaire ne pourrait pas compenser les pertes qu'il aurait fait subir d'un côté au mandant, avec les bénéfices qu'il lui aurait procurés de l'autre. En effet, débiteur pour les pertes, il n'est pas créancier pour les bénéfices, car il en doit compte au mandant.

On fait à cette règle deux exceptions, 1° pour le cas où il s'agit de plusieurs actes connexes, formant un tout indivisible. Je charge Pierre commissionnaire à Rouen de faire transporter sur le marché de cette ville, 100 ballots de coton qui sont déchargés au Hâvre, et de les vendre. Il les vend mal, mais il a réalisé sur le transport une notable économie. Il peut compenser (*sec. Del.* et *Lep.* t. 2, n° 147).

2° Pour le cas où les divers actes, sans former une seule opération, sont tels que le bénéfice obtenu sur l'un d'eux ait pour cause la perte subite sur l'autre.

« Ainsi, par exemple, sans me donner ordre d'acheter à 36 fr. telle marchandise, et de vendre telle
autre à 20 fr. ; je ne trouve à acheter qu'au prix
de 35 francs ; mais le vendeur convient avec moi
que, moyennant cette diminution, il s'engage à me
procurer la vente des autres marchandises au prix
de 40 fr. Le commissionnaire a agi comme un bon
commerçant ; il n'y a aucun reproche à lui faire ;
(M. Clamageran, n° 319).

202. En droit civil, le mandant qui, ayant reçu
le compte ne retire pas la procuration, s'expose à un
danger : il est responsable, en effet, à l'égard des
tiers, de l'abus que le mandataire peut faire de son
pouvoir.

Cet abus n'est pas souvent à craindre en matière
de commission. Presque toujours le commissionnaire se présente au tiers en son propre nom. Si
donc, le compte rendu, il continue à agir pour le
commettant, sans mandat exprès ou tacite, il le fait
à ses risques ; le commettant étant toujours libre de
le repousser en lui disant : je ne vous avais pas
donné commission.

§ 2. Obligations du commissionnaire envers les tiers.

203. Quand le commissionnaire agit au nom du commettant (art. 92), comme il n'est alors que l'organe,
le *nudus minister* de celui-ci, il n'est pas engagé envers les tiers ; et il y a lieu à l'application de l'arti-

cle 1998 C. c. « Le mandant est tenu d'exécuter
« les engagements contractés par le mandataire,
« conformément au pouvoir qui lui a été donné. Il
« n'est tenu de ce qui a pu être fait audelà qu'au-
« tant qu'il l'a ratifié expressément ou tacitement. »

Quant au commissionnaire il n'est obligé à l'é-
gard des tiers qu'à leur donner une suffisante connaissance de ses pouvoirs. S'il manque à cette obligation, il est tenu de garantir tout ce qui a été fait
audelà de son pouvoir (art. 1997. V. n° 141).

204. Mais le rôle normal du commissionnaire,
c'est, nous l'avons dit, d'agir en son propre nom.
Voilà le mode commercial pár excellence, il est con-
sacré par un long usage : *De consuetudine mercà-
tores solent aliena negotia proprio nomine expedire*
(Ansaldus, *Disc.* 30 n° 32).

Or, en notre matière, l'usage constant formant
la loi des parties dans le silence du contrat, le commissionnaire est tenu d'agir en son nom, s'il n'y a
convention contraire.

205. Dès lors le commissionnaire est seul tenu à
l'égard des tiers avec lesquels il a contracté, tenu
comme s'il agissait en réalité pour lui-même:
« *Etenim quando mandatarius simpliciter contrahit,
non expresso mandato in eo radicatur contractus...* »
dit Casaregis dans son latin incorrect, mais éner-
gique.

Une des conséquences de cet engagement personnel, c'est que les tiers peuvent compenser ce que leur doit le commissionnaire avec ce qu'ils lui doivent, et cette compensation pourra être opposée au commettant, s'il veut agir contre eux en vertu de l'art. 1166 C. c., pourvu qu'elle soit antérieure à la faillite (art. 575 C.)

206. Le commissionnaire est seul obligé envers les tiers : ce principe rigoureux, sur lequel nous reviendrons en parlant des obligations du commettant, ne cède que dans un cas. Le tiers peut exiger le nom du commettant, quand le marché fait par l'entremise d'un autre ne peut subsister sans la justification d'un intérêt ou d'un risque. Tels sont le contrat d'assurance et de prêt à la grosse aventure.

Sans la justification d'un intérêt, ces contrats ne seraient plus que des conventions illicites : jeu ou pari.

207. Le commissionnaire acheteur est envers le vendeur débiteur du prix, mais entre son commettant et lui, l'effet de la convention qui, en vertu de l'art. 711 transfère la propriété a été de rendre ce dernier propriétaire de la chose achetée aussitôt la vente conclue.

Le fisc en juge autrement; et, en pareil cas, il perçoit un droit de vente sur l'achat fait par le commissionnaire, puis un second sur la mutation qui s'opère du commissionnaire au commettant.

Il y a, dans cette remarque, une différence profonde à signaler entre le droit Romain et le droit Français (n° 55).

Le fisc aurait raison en droit Romain.

SECTION II.

Garanties des droits du commettant.

§ I. Solidarité entre les co-commissionnaires.

208. L'article 1995 C. c. au titre du mandat dispose que, « lorsqu'il y a plusieurs fondés de pouvoir ou mandataires établis par le même acte, il n'y a de solidarité entre eux qu'autant qu'elle est exprimée. »

Cet article, qui abroge la doctrine romaine (V. n° 63) n'est que l'application à une matière spéciale du principe général de l'art. 1202 C. Nap. : « La solidarité ne se présume pas : il faut qu'elle soit expressément stipulée. »

Doit-on appliquer ces règles aux commissionnaires ?

Il y a controverse sur ce point.

209. Beaucoup d'auteurs, dont l'opinion me semble exagérée, soutiennent qu'en matière commerciale la solidarité est la règle, et doit se présumer entre co-débiteurs négociants.

Selon eux, par conséquent, il y a solidarité entre les commissionnaires chargés ensemble de traiter une opération commerciale. (*Sic* Frémery, p. 22 et suiv. ; Del. et Lep., 11, n° 153.)

210. Mais c'est aller trop loin. La solidarité n'est pas le droit commun en matière commerciale ; ce qui le prouve, ce sont les art. 22, 140, 187 C. de com., où le législateur a pris la peine de nous dire qu'elle existait entre les associés en nom collectif, et les souscripteurs d'une lettre de change ou d'un billet à ordre. (*Sic* Massé, Pr, com., t. v, n. 8 et suiv., n° 96.)

En principe, donc, les art. 1202 et 1995 du C. c. s'appliqueront aux commissionnaires.

Mais en pratique, il ne faudra pas les appliquer avec trop de rigueur, et cela pour deux raisons : 1° Parce que si la solidarité peut résulter de l'interprétation des actes (Rej., 9 janv. 1838); c'est surtout en matière commerciale que la loi facilite aux juges le moyen de découvrir l'intention despartie s ; 2° parce que le commissionnaire étant tenu d'apporter à la gestion de l'affaire la diligence d'un bon commerçant, cette diligence l'oblige à surveiller les actes de son co-gérant.

En conséquence, on distinguera si les attributions des deux commissionnaires ont été distinguées ou confondues ; « dans ce dernier cas, ils ont réuni leurs ressources, concentré leurs efforts ; mais aussi leur responsabilité reste entière ; elle est, en quelque sorte, indivisible comme l'objet même du mandat, car l'affaire ne saurait péricliter entre les mains de l'un sans que la vigilance de l'autre ne soit en faute. » (M. Clamageran, n° 367. Paris, 26 avril 1836 (S. 36, 2, 263.)

## § II.

### Revendication par le commettant dans la faillite du commissionnaire.

211. Les art. 574 et 575 C. c. consacrent pour le commettant le droit de revendiquer dans la faillite du commissionnaire les marchandises ou valeurs qu'il lui a expédiées, pourvu qu'elles soient toujours reconnaissables, qu'elles existent en nature.

Ce droit est une véritable revendication, car le commettant n'a pas entendu, par l'expédition qu'il a faite, transférer la propriété des objets expédiés au commissionnaire : c'est là une différence remarquable entre la disposition des art. 574 et 575, et celle de l'art. 576, qui donne au vendeur non payé le droit de revendiquer les marchandises vendues, tant qu'elles ne sont pas arrivées aux mains du failli. La vente a dessaisi le vendeur : partant, son action n'est pas une véritable revendication.

212. Examinons en détail les art. 574 et 575, et commençons par celui qui concerne la revendication des marchandises : c'est-à-dire par l'art. 575.

**213.** Son premier alinéa est ainsi conçu : « Pourront être également revendiquées, aussi longtems qu'elles existeront en nature, en tout ou en partie, les marchandises consignées au failli à titre de dépôt, ou pour être vendues pour le compte du propriétaire. »

**214.** D'après ce texte, il faut, pour que la revendication puisse avoir lieu, que les marchandises existent encore *en nature* : cette condition est nécessaire, et elle suffit. Elle suffit, cela veut dire que la revendication serait possible au cas où la marchandise, sans avoir changé de nature, aurait changé *d'état*, et n'en resterait pas moins reconnaissable : ainsi le commettant a expédié des laines brutes, le commissionnaire les a degraissées et fait teindre ; la revendication peut avoir lieu. Si, au contraire, les laines avaient été tissées et transformées en draps, leur nature serait changée : pas de revendication.

L'art. 2102-4°, C. N., qui concerne la revendication accordée au vendeur non payé d'effets mobiliers, est plus sévère : la revendication n'est plus possible dès que la chose a changé d'état.

Cette différence s'explique aisément : dans le cas de l'art. 575, c'est un propriétaire qui vient réclamer sa chose ; il faut lui donner satisfaction tant que sa chose est reconnaissable : le respect dû au droit de propriété exige cette solution.

Mais, dans le cas de l'art. 2102, ce n'est pas un propriétaire qui revendique, c'est un vendeur qui veut reprendre la position qu'il avait avant la livraison, remettre les choses dans l'état où elles étaient avant cette livraison : or, cela n'est plus possible du moment où la chose, objet du contrat, a subi des modifications qui en ont altéré l'identité et la valeur.

215. *Les marchandises consignées à titre de dépôt ou pour être vendues...* Faut-il prendre ces mots dans un sens absolu, et partant, refuser le droit de revendication au commettant sur les marchandises achetées pour son compte par le commissionnaire ?

Non évidemment, car ces marchandises sont la propriété du commettant, soit que le commissionnaire ait acheté *procuratorio*, ou même *proprio nomine*. (V. n° 207.)

Le commettant pourra revendiquer, et s'il prouve : 1° qu'il a donné mandat d'acheter telles marchandises ; 2° que ces marchandises ont été achetées pour son compte ; 3° que ces marchandises sont bien celles qui se trouvent dans les magasins du failli, il devra triompher.

216. Il faut appliquer à la revendication dont dont nous parlons le troisième alinéa de l'art. 576, ainsi conçu : « Le revendiquant sera tenu de rem- « bourser à la masse les à-comptes par lui reçus, « ainsi que toutes avances faites pour fret ou voi-

« ture, commission, assurances ou autres frais, et
« de payer les sommes qui seraient dues pour mê-
« mes causes. »

217. La vente des marchandises déposées ou
consignées fait évanouir le droit de revendication ;
mais ici il faut faire une distinction :

S'agit-il de marchandises simplement déposées,
il faut non-seulement qu'il y ait eu vente, mais qu'il
y ait eu tradition faite à un acheteur de bonne foi.
Le failli, en effet, n'avait pas le droit de vendre, il
a commis un abus de confiance en vendant : tant
que l'acheteur n'est pas en possession, il ne peut
pas invoquer la prescription instantanée de l'article 2279.

S'agit-il de marchandises consignées pour être
vendues, la vente seule, sans la livraison, empêche
la revendication. Le failli avait le droit de vendre :
la vente a dessaisi le commettant.

218. Mais il se peut que le prix de vente soit encore dû ; alors s'applique le deuxième alinéa de l'article 575 : « Pourra même être revendiqué le prix ou
« la partie du prix desdites marchandises qui n'aura
« été ni payé ni réglé en valeur, ni compensé en
« compte-courant entre le failli et l'acheteur. »

219. Cette revendication est la conséquence légitime du principe que les règles du mandat s'appli-
quent seules dans les rapports des parties, lorsque
l'intérêt des tiers n'est pas en jeu. Sans doute ici à

l'égard de l'acheteur, le commissionnaire est seul créancier du prix ; mais il en doit compte à son commettant, et qu'importe à l'acheteur de payer à celui-ci plutôt qu'à celui-là, pourvu qu'il se libère.

**220.** Quand le prix est-il réputé encore dû ? L'article s'explique nettement sur ce point.

Le prix est dû :

1° Lorsqu'il n'est pas payé, cela est tout simple ;

2° Lorsqu'il n'est pas compensé en compte-courant entre le failli et l'acheteur. Nous avons vu plus haut que l'acheteur pouvait opposer la compensation au commissionnaire. (V. n° 205.) Or, 'la compensation, c'est un paiement.

3° Lorsqu'il n'est pas réglé en valeur. Ce réglement, en effet, a éteint la première dette, en lui en substituant une autre : il y a novation.

Et cette disposition de la loi est bien précise et bien formelle. Il ne faudrait donc pas décider, comme le font MM. Delamarre et Lepoitvin (t. 2, n°° 376, 377), que si les billets donnés en réglement n'étaient pas payés, le commettant pourrait les revendiquer.

**221.** La revendication du prix encore dû, dont il s'agit ici, c'est l'exercice de l'action en paiement de ce prix s'opérant par le commettant, au lieu et place du commissionnaire, mais ne changeant pas pour cela de nature.

Concluons de là que si l'acheteur est lui-même en faillite, le commettant n'aura pas droit à la totalité du prix, mais à un simple dividende.

222. Passons maintenant à la revendication des valeurs. Elle est régie par l'art. 574 ainsi conçu : « Pourront être revendiquées, en cas de faillite, les remises en effets de commerce ou autres titres non encore payés, et qui se trouveront en nature dans le portefeuille du failli à l'époque de sa faillite, lorsque ces remises auront été faites par le propriétaire, avec le simple mandat d'en faire le recouvrement et d'en garder la valeur à sa disposition, ou lorsqu'elles auront été, de sa part, spécialement affectées à des paiements déterminés. »

223. Pour que la revendication des effets soit possible, il faut : 1° que ces effets ne soient pas encore payés. S'ils l'étaient, le commettant ne serait plus que créancier de leur valeur, confondue dans les biens du failli.

224. 2° Qu'ils se retrouvent *en nature.* En nature, c'est-à dire identiquement les mêmes. Si donc, avec la remise faite, le commissionnaire a acheté d'autres valeurs de portefeuille, la revendication cesse, quelque évidente que soit, d'ailleurs, la substitution.

225. « Dans le portefeuille du failli... » Faut-il prendre ces mots à la lettre? Non. Cela signifie,

« dans le patrimoine du failli » : c'est-à-dire qu'il suffit que la propriété des effets n'ait pas été transmise à des tiers par le failli.

226. L'art. 574 présente une lacune. Il ne parle pas, comme l'art. 575, du cas où le prix des effets est encore dû.

De là deux opinions : La première, qui, s'appuyant sur le texte, n'accorde pas la revendication ; une autre (qui me semble meilleure), d'après laquelle la revendication est possible, comme dans le cas de l'art. 575, et pour les mêmes raisons. (V. n. 219-221.)

## DEUXIÈME PARTIE.

### OBLIGATIONS DU COMMETTANT.— GARANTIE DU DROIT DU COMMISSIONNAIRE.

#### SECTION PREMIÈRE.

Obligations du commettant.

## § I.
### Envers le commissionnaire.

227. Le commettant est tenu envers le commissionnaire à deux obligations principales :

1° De payer le droit de commission ;

2° De rendre le commissionnaire indemne.

Reprenons ces deux obligations tour à tour.

1° Obligation de payer le droit de commission.

228. Le salaire étant de la nature de la commission, il n'est pas nécessaire qu'une convention spéciale intervienne pour qu'il soit dû. Il se règle, à défaut de convention, par l'usage des lieux, ou par un arbitrage.

229. Il consiste quelquefois dans une somme fixe ; mais le plus souvent il est de tant pour cent sur le produit brut de l'opération : par exemple, deux pour cent.

Ce second mode de fixation est le plus avantageux, parce qu'il stimule le commissionnaire à agir promptement et avec économie.

230. Le droit de commission est dû, même lorsque l'affaire n'a pas réussi, sans qu'il y eût faute de la part du commissionnaire. (V., sur ce point, n° 81.)

231. Si l'affaire n'a été faite que partiellement, une partie proportionnelle du salaire est due, à moins que l'inexécution ne soit imputable au dol ou à la faute du commissionnaire.

232. Relativement à cette dernière décision, on ne l'admet qu'avec distinction, lorsqu'il s'agit du mandat de vendre.

Dans ce cas, on distingue si l'offre vient du commettant ou du commissionnaire.

Si l'offre vient du commettant, l'usage est d'accorder un droit entier sur les ventes réalisées, demi droit sur les ventes tentées.

Si l'offre vient du commissionnaire, on ne lui doit rien pour les ventes tentées.

233. Quelquefois le droit de commission est stipulé double : quatre pour cent au lieu de deux : le commissionnaire est alors du croire (*del credere*), et, en cette qualité, il répond des insolvabilités.

234. Fixons-nous bien sur le caractère de cette stipulation.

Ce n'est pas un cautionnement ; en effet, elle n'est pas l'accessoire d'un contrat principal intervenu entre le débiteur et le commettant, puisque si le commissionnaire agit en son nom, le débiteur et le commettant n'ont aucun rapport, et si le commissionnaire agit au nom du commettant, le du croire n'en a pas moins son objet propre et distinct. (V. no 235.)

De là, deux conséquences :

1o Le commettant n'est pas obligé de discuter d'abord le débiteur, ou s'il y a plusieurs commissionnaires, de diviser son action ;

2o Il peut être convenu que le commissionnaire paiera dans un autre temps ou un autre lieu que le commettant.

235. Le du croire est une véritable assurance ; tout y est :

1° *La chose assurée;* c'est la créance du commettant contre le tiers débiteur ;

2° *Les risques ;* c'est l'insolvabilité de ce débiteur ;

3° *Le prix des risques ;* c'est le double droit payé au commissionnaire.

Il y a cependant une différence : dans l'assurance, l'assuré ne peut agir contre l'assureur qu'en prouvant l'événement du risque prévu ; le commettant, au contraire, agit contre le commissionnaire, sans avoir à prouver l'insolvabilité du débiteur.

236. Si le du croire est une assurance, il faut en conclure que le double droit ne serait pas dû au commissionnaire, s'il avait traité au comptant, car alors le risque n'existerait pas.

Ce serait un abus (Savary le signale comme existant de son temps) que de réclamer les quatre pour cent en cas pareil.

237. Que décider si le commissionnaire ayant traité à crédit, le débiteur paie avant l'échéance moyennant l'escompte ? MM. Delamarre et Lepoitvin distinguent : pas de double droit, si le paiement a eu lieu lors de la livraison.

Il est dû, au contraire, lorsqu'un certain temps s'est écoulé depuis la livraison, car alors il y a eu un risque couru.

238. Mais sur ce point, une question délicate va s'élever. Le commissionnaire qui a reçu le paie-

ment, sous la déduction de l'escompte, peut-il ne faire raison à son commettant que de la somme qu'il a reçue ?

Je prends un exemp.e : Pierre a vendu pour mon compte à Paul, 200 hect. de blé, à 20 fr. l'hect., soit 4,000 fr., payables dans trois mois. Lors de la livraison, Paul offre de se libérer immédiatement, moyennant l'escompte de 1 fr. 50 c. pour cent. Pierre accepte, et reçoit, en conséquence, 3,940 fr. Peut-il me contraindre à accepter dès à présent cette somme, et se libérer ainsi envers moi ?

Non, selon Pardessus (t. Ier, no 569). Le commettant a le choix ou de recevoir dès à présent le prix de vente, escompte déduit, ou d'attendre l'échéance, en laissant l'escompte à la charge du commissionnaire.

Je ne crois pas que cela soit juste, et je pense avec MM. Delamarre et Lepoitvin, que le commissionnaire peut me contraindre à recevoir dès à présent 3,940 fr. Et cela pour deux raisons :

1o Le commissionnaire, en recevant le paiement anticipé, sous la remise, s'est conformé à la pratique commerciale. Je n'ai rien à lui reprocher ;

2o Ai je d'ailleurs à me plaindre ? L'argent dans le commerce n'est pas une valeur inerte, un fonds dormant ; il travaille toujours. Recevoir immédiatement 3,940 fr., ou, dans trois mois, 4,000 fr., c'est même chose pour un commerçant.

La décision de M. Pardessus ne me semble admissible qu'au cas où le commettant aurait interdit l'escompte.

239. Le du croire est très-usuel : mais il n'est pas, comme le droit de commission, de la nature du contrat ; il faut donc une convention pour l'établir.

Néanmoins, à défaut de convention, l'usage des lieux, qui, dans le commerce, fait la loi des parties, suffirait pour que le commissionnaire pût le réclamer : il y aurait là, en quelque sorte, une convention tacite.

240.La clause de du croire (ce mot vient du verbe italien *del credere*, avoir confiance) ne se rapporte de sa nature qu'à la garantie des insolvabilités ; mais rien n'empêche de convenir que le commissionnaire du croire, endossera d'autres risques, qu'il répondra des cas fortuits, etc.

2° Obligation de rendre indemne le commissionnaire.

241. Cette obligation comprend d'abord celle de rembourser au commissionnaire les avances et frais qu'il a faits pour l'exécution du mandat (art. 1999), sans que le commettant puisse lui opposer l'insuccès de l'affaire, ou soutenir que les dépenses auraient pu être moindres, pourvu, bien entendu, que le commissionnaire soit exempt de faute.

242. L'art. 2001, C. Nap., porte que « l'intérêt « des avances faites par le mandataire lui est dû

« par le mandant, à dater du jour des avances cons-
« tatées. »

Cet article est-il applicable au commissionnaire ?
On l'a contesté en disant : « Le commissionnaire
est salarié, son salaire lui tient lieu d'intérêt. C'est
une erreur.

1° Le mandataire aussi peut être salarié (art. 1986),
et l'art. 2001 ne contient à cet égard aucune distinction ;

2° Le salaire n'est pas dû, à cause des avances,
car le commissionnaire peut le réclamer, alors même
qu'il n'aurait fait aucune avance. C'est le prix de
ses soins, de son temps, de son travail.

243. Que décider de l'art. 2000, qui, reprodui-
sant la doctrine que nous avons vu enseigner par
Africain dans la l. 65, § 1 *de furtis* (v. n° 74), dispose que « le mandant doit indemniser le mandataire des pertes que celui-ci a essuyées à l'occasion
de sa gestion, sans imprudence qui lui soit imputable. »

MM. Delamarre et Lepoitvin (t. 2, n° 311 et suiv.)
veulent que le commissionnaire ne soit indemnisé
que des pertes dont la gestion est la cause immé-
diate et directe.

Nous repoussons cette opinion rigoureuse ; elle
n'a pas plus de raison d'être en droit commercial
qu'en droit civil ; et nous en revenons à l'équitable
doctrine d'Africain : «Justissime enim allegare non

« fuisse se id damnum passurum, si id mandatum
« non suscepisset. »

244. Le commettant doit enfin indemniser le
commissionnaire des engagements personnels qu'il
a contractés envers des tiers.

Si le commissionnaire doit à terme, le commettant peut être obligé néanmoins de payer comptant,
mais sous la remise de l'escompte. Il trouve encore
moyen d'arriver au but proposé par la novation, si
elle est acceptée du créancier ; par la garantie, c'est-
à-dire par un gage, une hypothèque, une remise de
fonds, etc. (V. n. 83-85.)

§ 2. Obligations du commettant envers les tiers.

245. Lorsque le commissionnaire agit par aventure au nom du commettant, celui-ci est seul débiteur et créancier envers les tiers. Il y a lieu à l'application des art. 1997 et 1998 C. c. Ce que nous
en avons dit plus haut (V. n° 203) suffit pour ce cas
exceptionnel en pratique.

246. Même décision pour le cas où la commission
est exécutée au nom du commissionnaire, avec faculté de désigner plus tard le nom du commettant.
Cette désignation produit un effet rétroactif.

247. Mais prenons le cas habituel et normal, celui
où le commissionnaire agit en son propre nom. Dans

ce cas, les tiers ont-ils action contre le commettant? Non, parce qu'ils n'ont pas contracté avec lui.

Ce principe est, selon nous, absolu et n'admet aucune exception.

Il s'applique au cas où l'affaire est traitée en présence du commettant, ce qui se produit fréquemment en pratique; (*sic*. Rouen, 12 avril 1826). (S. V. 26. 2. 314).

Au cas où les tiers contractants ont eu en vue pour ainsi dire à travers le commissionnaire le crédit connu du commettant. (V. les arrêts de Rennes, cités par Del. et Lepoitvin, t. 2).

Il n'y a pas lieu non plus de distinguer si le commettant a ou non spécifié le tiers contractant, si le commissionnaire est insolvable, si le commettant a profité du contrat.

Toutes ces distinctions viennent se briser devant ce fait: Le commissionnaire a agi en son propre nom, et devant ce principe exprimé par l'art. 1165, c. c: « Les conventions n'ont d'effet qu'entre les parties contractantes. »

248. Un seul droit appartient aux tiers, celui de poursuivre le commettant du chef du commissionnaire, d'exercer les droits du commissionnaire contre le commettant, en vertu de l'art. 1166.

Mais on sait les différences que présente cette action oblique de l'art. 1166 avec l'action directe. Si

le tiers pouvait agir directement contre le commettant, il n'aurait pas à redouter le concours des créanciers du commissionnaire; au contraire, agissant
du chef de celui-ci, son débiteur, il est obligé de subir ce concours (art. 2093).

Si le tiers avait action contre le commettant, il
n'aurait à craindre que les exceptions que celui-ci
peut lui opposer personnellement; agissant du chef
du commissionnaire, le commettant peut lui opposer les exceptions qu'il pouvait opposer au commissionnaire, son créancier.

249. A l'inverse, le commettant n'a pas d'action
contre les tiers, sauf l'application du principe que
nous avons posé et développé plus haut (nos 219-221):
savoir que ce sont les principes du mandat qu'il faut
appliquer dès que l'intérêt des tiers est hors de
cause; que dès lors le commettant se trouve substitué aux droits du commissionnaire.

SECTION II.

Comment sont garantis les droits du commissionnaire.

250. Nous allons voir les droits du commissionnaire garantis avec plus de sollicitude par le législateur que ceux du commettant. Cela ne nous éton-
nera pas, si nous nous souvenons des services
immenses que l'industrie des commissionnaires procure au commerce, (V. l'introduction), les garanties
que nous allons parcourir ne sont que la juste rému-

népation et l'utile encouragement de ces précieux services.

§ 1. Solidarité des commettants.

251. Cette solidarité entre les co-commettants, qui s'explique par la faveur due au mandat en général, et à la commission, en particulier, résulte de l'art. 2002, C. Nap. « Lorsque le mandataire a été « constitué par plusieurs personnes pour une affaire « commune, chacune d'elles est tenue solidairement « envers lui de tous les effets du mandat. »

§ 2. Revendication dans la faillite du commettant.

252. Le commissionnaire qui achète pour le compte d'autrui ne devient pas, nous le savons, (V. n° 207), propriétaire des marchandises achetées ; il n'est donc pas un vendeur par rapport au commettant auquel il les expédie : comment donc peut-il invoquer l'art. 576 Co ? « Pourront être revendi- « quées les marchandises expédiées au failli, tant « que la tradition n'en aura point été effectuée dans « ses magasins. »

Le commissionnaire-acheteur, pour s'appliquer l'art. 576, invoque la subrogation légale aux droits du vendeur que ses propres deniers ont désintéressé : il invoque l'art. 1251, 3° C. Nap.: « La subrogation « a lieu de plein droit..... 3° au profit de celui qui « étant tenu avec d'autres ou pour d'autres au paie- « ment de la dette avait intérêt à l'acquitter. »

Le commissionnaire était tenu pour un autre; cela résulte de la nature même de son agissement, il agissait pour le compte d'autrui.

Il avait intérêt à acquitter la dette, puisqu'il était personnellement tenu envers le vendeur, et passible de ses poursuites, en cas de non paiement. (*Sic Gass.*, 14 nov. 1810. Rouen, 4 janv. 1825. La majorité des auteurs. *Contra* M. Troplong. Nantissement, n° 354-372).

### § 3. Privilège de l'article 2102 n°3. C. C.

253. Art. 2102 n° 3. « Les créances privilégiées « sur certains meubles sont... 3° Les frais faits pour « la conservation de la chose. »

Sans doute, ce privilége n'est pas spécial au commissionnaire; mais il arrive si souvent en fait, que le commissionnaire est obligé par son mandat de veiller à la conservation de la chose, et de faire des frais pour cette conservation, qu'il est permis de rattacher cette garantie utile à l'étude de la commission.

### § 4. Droit de rétention.

254. M. Valette a donné du droit de rétention, en général, une remarquable définition. « C'est, dit-il, le droit qu'a le détenteur d'une chose d'en conserver la détention jusqu'à l'acquittement de ce qui lui est dû à raison de cette même chose. »

Ce droit, fondé sur l'équité naturelle, et que le

préteur romain consacrait sous la forme de l'exception de dol, se justifie sur cette raison qu'entre deux personnes obligées en vertu d'un contrat synallagmatique, l'une ne peut être contrainte à exécuter son obligation, si l'autre n'exécute elle-même la sienne.

Le Code Nap. l'a reconnu formellement dans l'art. 1612, relatif au vendeur non payé, dans l'article 1749, relatif au locataire expulsé auquel le bailleur doit une indemnité; dans l'art. 1948, relatif au dépositaire.

255. Le commissionnaire peut-il invoquer le droit de rétention?

Oui d'abord et sans aucun doute, si l'on admet l'opinion d'après laquelle, le droit de rétention étant une mesure d'équité naturelle, doit être appliqué dans tous les cas où se présente la raison de l'appliquer que nous venons de donner (*supra*, 254).

Oui, encore, si l'on admet l'opinion d'après laquelle le droit de rétention ne doit être appliqué que dans les cas prévus par la loi; car alors le commissionnaire pourra invoquer l'art. 1948 C. c. Il est dépositaire en même tems que mandataire.

256. Mais remarquons que pour le commissionnaire comme pour tout autre : 1° ce droit suppose la détention de la chose ; 2° qu'il ne garantit que les créances nées à l'occasion de la chose, c'est-à-dire ici le salaire et les frais.

§ 5. Privilége pour les avances faites au commettant.
(93-95 C.)

257. Ce privilége tout spécial qui, nous l'avons dit, fait de la commission un puissant instrument du crédit commercial, est organisé par les art. 93, 94 et 95 C. Il donne lieu, nous allons le voir, à une foule de questions très-intéressantes et très-difficiles; il est utile, avant de les aborder, de se bien pénétrer du texte de la loi. Le voici :

### Art. 93.

« Tout commissionnaire qui a fait des avances sur des marchandises à lui expédiées d'une autre place, pour être vendues pour le compte d'un commettant, a privilége pour le remboursement de ses avances, intérêts et frais, sur la valeur des marchandises, si elles sont à sa disposition dans ses magasins ou dans un dépôt public, ou si, avant qu'elles soient arrivées il peut constater par un connaissement ou une lettre de voiture, l'expédition qui lui en a été faite.

### Art. 94.

« Si les marchandises ont été vendues et livrées pour le compte du commettant, le commissionnaire se rembourse, sur le produit de la vente, du montant de ses avances, intérêts et frais, par préférence aux créanciers du commettant.

### Art. 95.

« Tous prêts, avances ou paiements qui pourraient être faits sur des marchandises déposées ou consignées par un individu résidant dans le lieu du domicile du commissionnaire , ne donnent privilége au commissionnaire ou dépositaire qu'autant qu'il s'est conformé aux dispositions prescrites par le Code civil, livre III titre XVII (2073-2084) pour les prêts sur gages ou nantissements. »

258. Passons maintenant à l'examen du privilége en lui-même. Nous verrons tour à tour : 1° la nature de ce droit; 2° son origine et son but; 3° l'étendue dn privilége, quant aux personnes qui y ont droit, aux choses qu'il frappe, aux créances qu'il garantit ; 4° les conditions sans lesquelles il n'existe pas ; 5° sa mise en œuvre (art. 94); 6° son rang ; 7, et enfin la portée véritable de la disposition de l'art. 95.

### I. Nature du droit du commissionnaire.

259. MM. Delamarre et Lepoitvin soutiennent (t. 2. n° 390) que le droit du commissionnaire, qualifié expressément de *privilège* par l'art. 93, n'est pas un véritable privilége, mais simplement le droit de rétention.

Pour le démontrer, ils s'appuient principalement sur le fragment de Valin, auquel nous avons fait allusion plus haut (v. n° 135.), et notamment sur les passages suivants : « La faveur du commerce a aussi fait introduire le privilége du nantissement ou de la saisie naturelle au profit de celui qui, ayant à sa consignation des marchandises appartenant à un négociant dont il est le commissionnaire ou correspondant, avance des sommes sur le prix de ces marchandises... (Valin, C. sur l'ord. de 1680, liv. 2, titre X, art. 3, p. 421. édit. Bécane.)

Ils en concluent que le droit de rétention étant fondé sur l'équité naturelle, le juge en notre matière ne devra pas s'arrêter au texte, à la lettre de la loi, et décider, comme dit Casaregis, *Intuitus ad Deum et æquitatem*.

260. J'avoue, malgré l'autorité des savants auteurs, ne pouvoir me rendre à cette opinion qui me paraît sans fondement dans son principe, et non sans danger dans ses conséquences. L'art. 93 parle d'un privilége, non du droit de rétention, ou, comme dit Valin, de saisie naturelle. L'art. 93 se sert-il d'un mot impropre? Non. Pour nous en convaincre, il nous suffira d'analyser tour à tour le droit de rétention et le privilége dans leur nature intime, et de voir ensuite dans quelle catégorie nous devons placer le droit du commissionnaire.

261. Nous avons défini plus haut le droit de rétention; il résulte de cette définition que trois conditions sont nécessaires à son existence : 1° la détention de la chose; 2° une créance existant entre le rétenteur et le propriétaire; 3° que cette créance soit née à raison de la chose détenue.

Quand ces trois conditions sont réunies, une sû-

reté réelle est procurée au créancier ; car, si le propriétaire aliène la chose, l'acquéreur ne peut déposs-
séder le détenteur qu'en le désintéressant.

De même, le droit de rétention est opposable aux
créanciers saisissants : 1° si la créance du rétenteur
est à terme, les créanciers saisissants avertiront
l'adjudicataire qu'il ne pourra entrer en possession
qu'à telle époque, et, après avoir désintéressé le rétenteur ; 2° si elle est sans terme, l'adjudicataire
peut entrer immédiatement en possession, mais toujours en désintéressant le rétenteur.

262. Le privilége est, à proprement parler, le
droit d'être payé sur le prix de la chose grevée de
préférence à tous autres créanciers.

263. Les deux droits diffèrent : 1° quant à la définition. Pour que le privilége existe, il n'est pas
nécessaire, comme pour le droit de rétention, que
la créance soit née à raison de la chose, qu'il y ait
*debitum cum re junctum.*

2°. Quant à la sûreté même que chacun d'eux
confère, le droit de rétention donne la faculté de
retenir la chose jusqu'au paiement ; le privilége, le
droit de se payer avec la chose, de préférence à tout
autre en la faisant vendre, ou quand elle est vendue.

Sans doute, quand la chose retenue est saisie et
vendue à la requête des saisissants, le rétenteur

touche sur le prix le montant de sa créance comme un privilégié.

Mais voici où éclate la différence : si le créancier procède lui-même à la vente, il perd immédiatement 1° la rétention, car la vente l'a dessaisi ; 2° le droit de se payer sur le prix ; car il n'a sur les autres créanciers aucune cause de préférence. Le privilégié en cas pareil, se paye de préférence à tous autres.

264. Appliquons ces idées générales au droit conféré au commissionnaire par l'art. 93. 1° Le droit garantit au commissionnaire le remboursement non-seulement de ses frais, mais des avances faites au commettant. Or, les avances sont bien faites en vue de la chose, mais non à raison de la chose.

Donc, le droit du commissionnaire est autre chose que le droit de rétention.

2° L'art. 94 supposant que le commissionnaire a vendu les marchandises expédiées, lui donne le droit de se payer sur le prix, par préférence aux autres créanciers.

Donc, ce n'est pas là le droit de rétention, mais un véritable privilége.

265. C'est un privilége. Il diffère, à plusieurs points de vue, du privilége de gage (art. 2102, n° 2, C. civ.) :

1° Le gage est un contrat ; sa source est la convention des parties ; le privilége de l'art. 93 a lieu sans convention, au profit du commissionnaire ; sa source est la loi ;

2° Le privilége résultant du gage peut s'appliquer à toutes sortes de créances ; le privilége de l'art. 93 ne garantit que certaines créances ;

3° Le gage n'existe pas sans une possession réelle, effective.

Ici nous verrons que la loi admet des équivalents.

4o L'art. 2074 exige, pour la constitution du gage, un acte, enregistré, contenant déclaration de la somme due, description des choses engagées, etc.

Le privilége du commissionnaire est dispensé de ces formalités.

266. Le droit organisé par les art. 93 et 94 est un privilége. Si l'on s'attachait uniquement à cette idée, on en tirerait la conséquence que les art. 93, 94 et 95 doivent être interprétés rigoureusement, restrictivement ; serait-ce une exacte interprétation ?

Nous allons répondre à cette question en examinant l'origine et le but du privilége du commissionnaire.

### II. Origine et but du privilége.

267. Je ne veux pas refaire l'histoire de notre privilége ; ce que j'ai dit sur ce point (v. n°ˢ 136 et 137), bien que très-sommaire, peut suffire. Voyons

ici son origine et son but, pour ainsi dire théoriquement.

Le privilége du commissionnaire est né de l'usage et de la coutume commerciale, et cette coutume s'explique et se justifie aisément.

La commission, qui met deux commerçants en rapports suivis d'affaires et de bons offices, double l'activité du commettant; pourquoi ne doublerait-elle pas son crédit?

Pourquoi la bourse du commissionnaire ne s'ouvrirait-elle pas aux besoins du commettant? Le commissionnaire n'a-t-il pas entre les mains une garantie toute naturelle dans les marchandises qui lui sont expédiées? La valeur, le prix de ces marchandises ne lui assure-t-il pas le remboursement de ses avances?

Rien de plus simple; mais aussi rien de plus fécond que cette idée.

La marchandise qui dormait, capital inerte, dans les magasins du commettant, s'envole (peut-être d'un bout du monde à l'autre) sur le marché où les consommateurs la recherchent: les avances fournies par le commissionnaire alimentent le travail du commettant, et lui permettent de doubler, de tripler le chiffre de ses affaires et de ses entreprises, et cette fécondité, gagnant de proche en proche, fait circuler la vie dans le monde commercial.

On sent combien est favorable le moyen qui produit de si beaux résultats.

Aussi que nous dit Valin? Que c'est « la faveur du commerce » qui a fait introduire ce privilége, et il s'écrie, en finissant : « Tant les opérations qui produisent la circulation vive du commerce sont favorables et méritent d'être protégées. »

268. Les rédacteurs du Code de commerce qui, en notre matière, sont venus écrire et fixer dans la loi « les coutumes et les usages locaux », n'ont pas d'autre pensée.

Voici ce que porte le rapport de la commission pour la rédaction du Code de commerce :

« Le commerçant qui fait des expéditions ne peut les suivre lui-même ; le commissionnaire lui épargne tous les frais de déplacement et de voyage, en se chargeant du transport et de la vente des marchandises. Il offre encore des facilités à l'expéditeur, en lui accordant des avances ou des anticipations sur leur produit. Le commissionnaire qui fait ainsi des avances, ne prête pas à la personne, mais à la chose. »

269. De tout ce qui précède, quelle conséquence faut-il tirer ?

Cette conséquence que si le droit du commissionnaire est véritablement un privilége, c'est un privilége favorable. Dès-lors, tout en respectant le texte de la loi, en se gardant soigneusement de jamais le violer, il faut l'interpréter largement, c'est-à-dire que toutes les fois qu'un doute sérieux se présente, il faut le résoudre en faveur du commissionnaire.

D'ailleurs, nous le savons, la loi commerciale de 1807 est souvent incomplète; elle n'est pas due, comme la loi civile à des jurisconsultes éprouvés, mais à des praticiens dont le laconisme se repose souvent sur le secours et le complément que doivent donner à leur pensée, l'usage, la tradition, l'équité commerciale.

270. Telle est notre théorie:

Avec ce point de départ, nous irons plus loin sans doute que ceux qui, s'arrêtant au mot *privilége*, veulent interpréter la loi strictement, en haine du privilégié; mais nous ne nous égarerons pas avec ceux qui veulent, pour ainsi dire, se passer de la loi, et y substituer l'empire indéfini de l'usage et de l'équité.

Ainsi nous n'étendrons pas le privilége au-delà du contrat de commission, pour lequel il a été spécialement organisé. Surtout nous ne ferons pas des art. 93, 94 et 95 une sorte de traité sur le nantissement commercial; et nous maintiendrons fermement que, dans le commerce comme ailleurs, les conditions de forme de l'art. 2074 (*supra*, n° 265), doivent être religieusement observées.

### III. Étendue du privilége.

*1° Quant aux personnes.*

**271.** A qui appartient le privilége de l'art. 93?

Cet article le dit : « A tout commissionnaire qui fait des avances... » Faut-il qu'il soit commissionnaire de profession ? Non. Ce n'est pas à la profession, mais à l'acte que le privilége est attaché; il suffit qu'il y ait acte de commission, peu importe que cet acte soit isolé.

**272.** Mais si un acte, même isolé, suffit, il faut qu'il y ait acte de commission.

Je n'admets donc pas que le privilége appartienne, comme le prétendent la jurisprudence et M. Troplong (*Nantissement*, n° 159), à tout bailleur de fonds qui fait des avances sur des marchandises à lui expédiées d'une autre place.

Non, l'art. 93 est placé au titre des commissionnaires; il ne parle que du commissionnaire. Le législateur, dans son exposé des motifs, a toujours en vue le commissionnaire seul, qu'il oppose avec soin au prêteur sur gages;... étendre la loi comme le fait la jurisprudence, c'est la violer ouvertement.

Le bailleur de fonds, qui ne fait pas acte de commission, par rapport à qui l'expéditeur n'est pas un commettant, doit se conformer, s'il veut un privilége de nantissement, aux formalités de l'art. 2074.

C'est ainsi qu'avait jugé un excellent arrêt de la cour de Poitiers, du 21 juillet 1842 (D. 45, 1, 503);

mais cet arrêt fut cassé le 6 mai 1845, aux grands applaudissements de tous les jurisconsultes, dit M. Troplong.

J'avoue que si j'eusse été jurisconsulte en 1845, je lui aurais refusé les miens.

273. Plus bas, en parlant des conditions nécessaires à l'existence du privilége, nous examinerons si le mandat de vendre est une de ces conditions; si, par conséquent, le droit de l'art. 93 n'appartient, ce que je ne crois pas, qu'au commissionnaire vendeur (n° 295).

2° *Quant aux choses.*

274. Le privilége porte sur les marchandises expédiées (art. 93), et en cas de vente, sur leur prix (art. 94).

3° *Quant aux créances garanties.*

275. D'après l'art. 93, le privilége assure au commissionnaire le remboursement de ses avances, intérêts et frais...

Que faut-il entendre par avances ?

Quelques auteurs veulent restreindre le sens de ce mot, et n'y comprendre que les déboursés faits par le commissionnaire, à raison de la chose, pour faire arriver la chose entre ses mains...

C'est là une interprétation étroite et inexacte : 1° les déboursés dont parlent ces auteurs sont des frais, et le privilége garantit nommément le remboursement des frais qu'il distingue ainsi des avances; 2° la loi n'exige pas que les avances soient faites à raison de la marchandise, mais sur la marchandise, c'est-à-dire en contemplation de la marchandise.

On entend donc le mot avances *lato sensu*.

C'est un terme générique qui comprend toutes les sommes, tous les objets, toutes les valeurs quelconques, qui sont sorties des mains du commissionnaire, et qui ont profité au commettant... En un mot, tout ce qui a été fourni, en contemplation de la chose, et par anticipation sur sa valeur. (Cass., 29 avr. 1833.)

276. Supposons que le commissionnaire dont l'intention n'est pas douteuse, ait fait une avance au commettant, en vue d'une opération, par laquelle des marchandises devaient lui arriver; qu'il ait fait ainsi son déboursé avant la consignation, a-t-il privilége pour ces avances?

Quelques arrêts ont décidé que le privilége n'existait pas, entr'autres un arrêt de Cassation du 13 mars 1830.

« Attendu, dit cet arrêt, qu'aux termes de l'article 93, C., le privilége établi par cet article, en faveur du commissionnaire, n'a lieu qu'autant que les avances par lui faites sont postérieures à l'arrivée des marchandises dans ses magasins ou dans un dépôt public...»

277. Cette décision, qui affirme purement et simplement et ne prouve rien, ne me semble pas juste.

Dans l'ancien droit, la solution contraire ne faisait pas de doute. Écoutons Valin : « Cela est si naturel et si juste, qu'il est étonnant qu'il se soit rencontré des gens assez chicaneurs pour disputer la compensation en pareils cas, de même qu'en tous autres, où le négociant se trouve nanti, *soit avant, soit après ses avances,* sans avoir les mains liées par aucune saisie... »

Le Code de commerce s'est-il placé parmi les chicaneurs dont parle Valin ? a-t-il changé tout cela ?

Pourquoi l'aurait-il fait ? Est-ce qu'en 1807 le crédit avait moins besoin d'encouragement qu'en 1680 ? Est-ce que les opérations qui produisent « la circulation vive du commerce », étaient devenues moins favorables ?

Mais rien n'indique qu'il l'ait fait.

*Tout commissionnaire qui a fait des avances sur des marchandises à lui expédiées....* A coup sûr, cela ne veut pas dire sur des marchandises déjà expédiées, et dont le commissionnaire est nanti au moment des avances.

Est-ce qu'on a jamais prétendu, en matière de gage, qu'il n'y avait pas privilége, parce que l'argent avait été compté tout d'abord, et le gage délivré ensuite ? Par quelle secrète raison, l'art. 93 viendrait-il introduire cette distinction dans la cause si favorable du commissionnaire ?

On confond deux époques très distinctes ; l'époque où l'avance est faite, et celle où s'exerce le privilége. Sans doute, à ce dernier moment, il faut que le commissionnaire soit nanti ; mais aucune expression de la loi n'exige qu'il le soit au moment de l'avance.

Concluons que le commissionnaire qui fait un avance en vue de marchandises qui vont lui arriver, « prête, comme le disaient les rapporteurs, à la chose et non à la personne, et que, par conséquent, il est privilégié pour cette avance. » (*Sic.* Troplong, n° 254 ; Del. et Lepoitvin, 11, n° 410.)

278. Que décider si les marchandises en vue desquelles les avances ont eu lieu sont remplacées par d'autres, si d'autres sont expédiées à la place des premières ?

Dans ce cas, un arrêt de Rouen, en date du 29 nov. 1838, a décidé que le privilége n'existait pas.

Je préfère la solution contraire, qui, d'ailleurs, me semble résulter de celle que nous venons d'admettre au n° précédent. Le commissionnaire, bailleur de fonds, reçoit d'autres marchandises. Qu'importe? Il a voulu toujours prêter à la chose, non à la personne ; il a compté sur le prix de la marchandise, non sur la solvabilité du marchand. (*Sic.* M. Troplong. *Loc. cit.* N° 245.)

**279.** Voilà pour les avances. Disons maintenant un mot des frais. Ce sont les déboursés faits à l'occasion de la marchandise : frais de douane, de réception, de transport, etc.

Peut-on y faire rentrer, comme le prétendent quelques auteurs, le droit de commission ?

Je ne le crois pas ; et je trouve juste la décision d'un arrêt de Bruxelles du 23 février 1847, qui a jugé la négative. « Attendu que le droit de commission n'est point une avance, mais bien plutôt un gain, ou au moins un salaire pour l'accomplissement du mandat... »

§ 3     Conditions nécessaires à l'existence du privilége.

**280.** D'après l'art. 93 sainement entendu, deux conditions me paraissent suffisantes, mais essentielles à la constitution du privilége.

Il faut : 1° qu'il y ait expédition d'une place sur une autre ;

2° Que le commissionnaire soit nanti des marchandises expédiées.

Reprenons une à une ces deux conditions.

Première condition : expédition d'une autre place.

**281.** Cette condition est, selon nous, essentielle ; on a nié cependant qu'elle le fût. Lorsque les parties, le commissionnaire et le commettant ont des domiciles différents.

Alors, dit-on, « il y aurait trop de difficulté à
« remplir les conditions prescrites par le Code Na-
« poléon pour le gage ; et d'ailleurs l'art. 95 indique
« suffisamment que l'intention des rédacteurs du
« Code de commerce a été de ne soumettre le com-
« missionnaire à ces formalités qu'autant qu'il rési-
« derait dans le même lieu que le commettant. »
(M. Bravard, Man., p. 163. Troplong, nantis.,
n. 171-183.)

282. Ces raisons me paraissent bonnes comme
critique, mais non comme explication de la loi.

Quel a été son but ? Encourager « les opérations
qui produisent la circulation vive du commerce, »
favoriser l'expédition des marchandises d'un lieu
sur un autre. Comment ce but serait-il atteint s'il
n'y a pas d'expédition ?

D'ailleurs, l'art. 93 exige bien positivement l'éx-
pédition, lorsqu'il parle d'avances faites sur des marchandises expédiées.

283. Une autre considération me touche encore.
Le commissionnaire et le commettant qui se trouvent
dans le cas de l'art. 93 sont dispensés des formalités de l'art. 2074 C. N. ; mais pourquoi ?

La raison en est, dit M. Massé, que l'expédition
accompagnée d'avances et de mise à la disposition
du destinataire, suffit pour mettre les tiers à l'abri
de la fraude, parce qu'il ne peut y avoir d'incertitude
ni sur le fait et l'époque de l'expédition, ni sur la

nature, et la consistance des marchandises expédiées. (Massé, Dr. com., t. 6.)

Si donc le fait de l'expédition manque, l'incertitude se produit; rien ne met les tiers à l'abri des fraudes en cas de faillite. (*Sic.* cass., 17 mai 1847.)

284. Mais s'il est essentiel qu'il y ait expédition, cela suffit-il? Ne faut-il pas, en outre, que les parties habitent des lieux différents?

Pour l'affirmative, on invoque l'art. 95, qui, dit-on, soumet aux formalités du gage tous les prêts faits sur marchandises lorsque le commissionnaire et le commettant résident dans le même lieu.

Je réponds : 1° qu'il y a ici expédition, c'est-à-dire l'opération que l'art. 93 a pour but d'encourager. C'est déjà une raison de douter contre l'affirmative.

2° Que l'art. 93, qui est le principe du privilége, n'exige pas la différence de domicile.

3° Que, dans l'art. 95, le législateur suppose que la marchandise est sur les lieux habités par les deux parties. On conçoit alors qu'il exige les précautions rigoureuses du droit civil dans l'intérêt des tiers : car, en cas de faillite, une entente frauduleuse serait facile qui détournerait de l'actif au détriment des créanciers les marchandises fictivement engagées.

Une pareille crainte serait exagérée quand la marchandise est au loin, qu'elle voyage, et que le détournement en serait dès lors lent et difficile (*sic.* M. Bravard, p. 162, M. Troplong, n° 165 et suiv.)

**285.** La jurisprudence est fixée dans le sens de notre opinion.

Je prends l'espèce d'un arrêt de Rouen, (fort important, et sur lequel nous aurons occasion de revenir. Il est du 9 déc. 1847).

Un sieur Crouset de Rouen, adresse aux sieurs Clément fils et Lévêque, négociants en vins à Bercy, 394 demi-muids de vins rouges.

Pendant le voyage, Clément et Lévêque endossent les lettres de voiture, constatant cette expédition, à l'ordre des sieurs Charreau et Rey, négociants en vins, également domiciliés à Bercy, qui leur font, sur cette remise, une avance de 41,000 fr.

L'expédition arrive à la gare St-Ouen.

Clément et Lévêque tombent en faillite.

Charreau et Rey munis de leurs lettres de voiture, viennent réclamer les vins, et en demander tradition, pour l'exercice de leur privilége.

Ils avaient fait une avance à Clément et Lévêque, ils étaient ses commissionnaires ; ils avaient reçu d'eux mandat de vendre... Mais ils furent obligés de s'arrêter devant une opposition de Crouzet qui réclamait sur les vins le privilége du vendeur, et contestait celui des commissionnaires.

Il le contestait à plusieurs titres ; mais entre autres, par la raison que les commettants et les commissionnaires habitaient le même lieu : Bercy.

Un jugement du tribunal de commerce de la Seine

du 14 juin 1844, et un arrêt confirmatif du 10 octobre 1844 ne s'arrêtèrent pas à cette objection, et donnèrent gain de cause aux commissionnaires.

Puis enfin, l'arrêt de Paris ayant été cassé (sur un autre chef) par la cour suprême, l'affaire revint devant la cour de Rouen qui décida : « que si la chose est sur les lieux où le prêt s'effectue, le privilége ne peut s'acquérir que sous la forme du nantissement ; mais que si la chose est éloignée, il s'acquiert par la possession du connaissement ou de la lettre ; qu'il importe peu que le commissionnaire et le commettant résident dans le même lieu, dès lors qu'il y a expédition de la marchandise de place en place... »

286. On s'est demandé s'il était nécessaire que l'expédition fût faite directement au commissionnaire, et on a élevé quelque doute sur ce point.

Par exemple, dit M. Troplong (nº 160) j'adresse à Pierre, négociant du Hâvre, des marchandises que j'expédie de Paris pour des fonds dont je lui demande l'avance, sans doute Pierre sera privilégié, si d'ailleurs il se trouve placé dans les conditions de possession exigées par l'art. 93. Mais qu'arivera-t-il si pendant que la marchandise est encore en route, Pierre transmet à Secundus, qui lui fait des avances, la lettre de voiture à ordre que je lui ai fait parvenir ?

Autre hypothèse : j'achète des marchandises : le vendeur me les expédie. Mais, pendant qu'elles sont en route, je les donne en consignation à Secundus : que décider ?

Un arrêt de Rouen du 15 juin 1825 a jugé qu'en pareil cas, *Secundus* ne pouvait pas réclamer de privilége.

Mais cette doctrine est, avec raison, universellement repoussée.

En effet, que dit l'art. 93? « Sur des marchandi- « ses expédiées... » Où voit-on le mot *directement ?* Nulle part. Peu importe donc que la marchandise n'ait pas été *ab initio* adressée au commissionnaire; pourvu qu'elle lui soit expédiée quand il fait l'avance : il est en règle. Il prête sur des marchandises à lui expédiées.

287. Mais si, au lieu d'adresser à *Secundus* la lettre de voiture, je lui donnais simplement par lettre missive mandat de vendre les marchandises expédiées : *Secundus* n'aurait pas de privilége, car il ne ne serait pas nanti. (*Sic.* Massé, t. 6.)

Ce point rentre dans la seconde condition à laquelle nous arrivons.

*Deuxième condition.* — Possession des marchandises.

288. D'après l'art. 93, le commissionnaire est nanti :

1° « Si les marchandises sont à sa disposition dans ses magasins ou dans un dépôt public... »

Nous pouvons ajouter : « Ou dans les magasins

d'un tiers qui les a reçues et les détient, au nom du commissionnaire. » C'est un principe certain et constant que nous sommes censés posséder nous-mêmes, ce que nous détenons par notre mandataire.

289. Le commissionnaire est encore réputé nanti « si, avant que les marchandises soient arrivées, il peut constater, par un connaissement ou par une lettre de voiture, l'expédition qui lui en a été faite. »

Le porteur du connaissement ou de la lettre de voiture a seul droit d'exiger la délivrance des marchandises ; la loi a pensé qu'on pouvait assimiler la possession de ce titre à une véritable saisine de la chose.

L'intérêt des tiers trouve, au reste, sa garantie dans les mentions que doivent contenir, à peine de nullité, le connaissement et la lettre de voiture (art. 102 et 281).

290. On s'est demandé si le connaissement ou la lettre de voiture, pouvaient être suppléées par d'autres pièces probantes ?

Peu importe le nom de la pièce, a répondu à ce sujet la Cour de cassation, pourvu qu'elle contienne l'énonciation de toutes les conditions exigées par les art. 102 et 281. (Sic. Cass., 31 juillet 1844, 13 nov. 1850.

291. D'après l'art. 281 : « Le connaissement

« peut être à ordre, ou au porteur, ou à personne
« dénommée. »

Le Code de commerce ne dit rien de pareil de la
lettre de voiture; mais il est universellement reconnu, par la pratique et par la théorie, qu'elle peut
affecter ces trois formes.

Le cas où le commissionnaire rapporte, pour établir son privilége, un connaissement ou une lettre
en son nom ou au porteur ne présente pas de difficulté : il s'en offre, au contraire, quand il rapporte
un connaissement ou une lettre à ordre qui lui a
été passé par la voie de l'endossement.

Voici alors la question qui s'élève :

D'après l'art. 137, l'endossement doit contenir :
1° la date ; 2° le nom de celui à l'ordre duquel il est
fait ; 3° la valeur fournie.

Et l'art. 138 sanctionne l'exigence de ces formalités, en disposant que l'endossement, qui n'y est
pas conforme, n'opère pas de transport : « Il n'est
qu'une procuration. »

Faut-il appliquer en notre matière ces deux articles? Pour que le privilége existe au profit du commissionnaire, faut-il que l'endossement soit régulier ?

292. Quant à l'exigence de la date et du nom,
aucune controverse ; tout le monde convient que
ces deux mentions sont essentielles.

Sans la date, le connaissement ne serait pas opposable aux tiers (art. 138).

Sans le nom, le commissionnaire ne pourrait pas établir que l'expédition lui a été adressée.

293. Mais il y a litige sur la troisième mention : celle de la valeur.

Une première opinion, chaudement défendue par M. Troplong, soutient que si la mention de la valeur ne se trouve pas sur l'endos, le commissionnaire ne peut réclamer son privilége :

Deux arguments principaux sont invoqués.

1° Le consignataire, n'ayant qu'un mandat pour recevoir la marchandise, l'endosseur peut le révoquer à tout instant; donc il n'est pas saisi. Or, le commissionnaire doit être nanti pour réclamer son privilége.

2° M. Troplong, qui trouve cette première raison peu fondée, s'appuie sur celle-ci : Le commissionnaire n'a pas la disposition de la chose; il n'est pas saisi à l'égard des tiers; sa qualité de mandataire pur et simple le soumet à toutes les exceptions dont est passible son mandant.

Le vendeur non payé de la marchandise peut donc lui dire : « A mes yeux, vous représentez l'achéteur; vous n'avez pas plus de droits que lui; je pourrais revendiquer la marchandise sur lui : je la revendique sur vous. » (Sic. Cass. 30 janv. 1850. Amiens, 29 juillet 1843.)

294. Répondons très-sommairement à ces deux arguments :

1° Il est bien vrai que la révocation est de l'essence du mandat ; mais il est aussi vrai que la révocation intervenant ne fait pas disparaître les faits accomplis. Sans empire sur le passé, elle ne régit que l'avenir. Le commissionnaire a fait une avance; son action en remboursement est née irrévocablement. Cette action est elle privilégiée? L'idée de la révocation est étrangère à cette question : si le privilége est né, la révocation ne le fait pas disparaître.

2° Or, le privilége est né, cela est certain pour nous, au vu de l'art. 93. Qu'exige-t-il ? Que le commissionnaire puisse *constater* par un connaissement que l'expédition lui a été adressée. Il n'a pas à prouver qu'un transport lui a été fait, qu'une cession lui a été consentie, qu'il est devenu propriétaire ; mais seulement que des marchandises lui ont été expédiées.

A quoi bon dès lors la mention de la valeur?

295. Laissons du reste la parole sur la question à l'arrêt déjà cité (n. 285) de la Cour de Rouen (9 décembre 1847, aff. Courzet).

« Attendu qu'en supposant que la preuve de l'expédition faite au commissionnaire ne puisse résulter légalement que d'un connaissement ou d'une lettre de voiture, on ne saurait encore contester dans l'espèce l'existence de cette preuve sous le prétexte de l'irrégularité de la lettre de voiture;

Attendu, en effet, que l'art. 93 Co. attribue formellement à la lettre de voiture un véritable effet de tradition, puisqu'il place sur le même rang la remise de la lettre de voiture au commissionnaire, et la réception des marchandises dans son magasin;

Attendu que ce même article ne statue pas sur le cas de cession ou de vente et qu'il est exclusivement relatif au contrat de commission, que, dans un tel contrat, le commettant ne transmet au commissionnaire aucun droit de propriété, qu'il le charge seulement de vendre pour son compte les marchandises en contemplation desquelles il demande et obtient des avances; que, relativement à un tel contrat, il ne peut être question entre les parties ni du prix, ni de la valeur fournie en retour d'une chose qui ne passe pas dans le domaine du commissionnaire; qu'il est bien vrai que l'endossement doit énoncer le prix de vente, c'est-à-dire la valeur fournie par le cessionnaire au cédant quand le contrat est translatif de propriété, comme il arrive le plus souvent en fait de lettres de change, billets à ordre ou contrats à la grosse; mais que, par la force des choses, et suivant les dispositions de l'art. 138 C., il en est autrement quand la propriété reste à l'endosseur et n'est pas transmise au porteur, que l'endossement alors a le caractère et la force d'un mandat;

Attendu que la nature de la convention prévue par le Code de commerce est exclusive de la possibilité d'un endossement régulier et translatif de propriété. » (V. encore un arrêt de Douai du 5 janvier 1844.)

295 *bis*. Aux deux conditions que nous venons de commenter, et qui, si elles sont essentielles, nous paraissent suffisantes pour l'existence même du privilége, des auteurs ajoutent que le commissionnaire doit avoir reçu mandat de vendre les marchandises expédiées.

Nous répondons : 1₀ (avec un arrêt de cassation de 1845) « que l'art. 93 auquel le juge ne doit rien ajouter, parle seulement de marchandises destinées à être vendues, sans dire que la vente en sera faite plutôt par le consignataire que par le propriétaire. » 2ᵇ qu'en supposant donné le mandat de vendre, ce mandat peut s'évanouir devant la révocation faite par le mandant ; que le commissionnaire peut, à cause des circonstances, ne pas pouvoir l'exécuter. Est-ce que, dans des cas pareils, le privilége n'aurait pas lieu, ne pourrait pas être mis en œuvre?

Non certes !

Donc le mandat de vendre n'est pas essentiel.

V. Mise en œuvre du privilége. (art. 94).

296. « A la rigueur, dit fort justement M. Valette, (Priv. hyp. n° 105) lorsque les marchandises ont été

vendues par le commissionnaire pour le compte du commettant (art. 94) un privilége proprement dit ne paraît pas nécessaire, puisque le commissionnaire en vertu des principes généraux du droit sur la matière des comptes, ne se trouve débiteur que de l'excédant du prix de vente sur ses propres avances. Mais, au contraire, la nécessité du privilége se manifeste, si le commettant vient à tomber en faillite, avant que la vente dont il s'agit ait été effectuée. » Le droit de préférence s'exerce alors sur le prix des marchandises vendues à la diligence des syndics de la faillite.

297. Mais plaçons-nous en dehors du cas de faillite. Deux hypothèses sont possibles: 1° le commissionnaire a mandat de vendre ;

2° Les marchandises sont bien destinées à être vendues ; mais le commissionnaire n'a pas mandat de vendre.

298. 1° Le commissionnaire a mandat de vendre. S'il vend, rien de mieux ; l'art. 94 s'applique « le commissionnaire se rembourse sur le produit de la vente du montant de ses avances, intérêts et frais. »

Mais que décider s'il ne peut pas vendre, ne trouvant pas le prix fixé ? Le voilà à découvert ; il ne peut se payer ?

Faut-il appliquer ici l'art. 2078 C. c., ainsi conçu :

« Le créancier ne peut, à défaut de paiement, disposer du gage ; sauf à lui à faire ordonner en justice
que ce gage lui demeurera en paiement jusqu'à due
concurrence, d'après une estimation faite par ex-
perts, ou qu'il sera vendu aux enchères. »

Non. Pour deux raisons péremptoires :

1° Le commissionnaire a reçu mandat de vendre :
il n'est donc pas nécessaire que la justice le lui confère.

2° Le débiteur gagiste n'a pas l'intention d'aliéner,
mais de reprendre son gage ; le commettant au contraire a consigné les marchandises pour qu'elles
soient vendues.

Aussi décide-t-on que le commissionnaire, s'il y
a péril en la demeure, et si le commettant est très-
éloigné, peut se faire autoriser sur simple requête
par le tribunal de son domicile à vendre les marchandises au prix courant.

(Nîmes, 25 nov. 1850). Arg. tiré de l'art. 106.
Code.

299. Que s'il n'y avait péril en la demeure, et
que le commissionnaire pût aviser le commettant,
ce ne serait qu'au cas de non réponse, de révocation de l'ordre, ou de refus de modifier le prix, que
le commissionnaire pourrait ainsi se faire autoriser
à vendre au cours de la place.

300. Si enfin aucun prix n'avait été fixé, le commissionnaire qui craindrait pour le sort de ses avan-

ces, n'aurait besoin d'aucune autorisation pour vendre au cours de la place.

301. Faut-il appliquer le dernier alinéa de l'article 2078. « Toute clause qui autoriserait le créancier à s'approprier le gage ou à en disposer sans les formalités ci-dessus, est nulle. »

Non, encore et pour les raisons données plus haut (n° 298).

302. Bien plus, dans le cas du n° 300, le commissionnaire pourrait, sans clause, retenir en paiement les marchandises consignées, au cours du jour. Il se les vend ainsi à lui-même, au lieu de les vendre à autrui.

303. 2e *Hypothèse.* Le commissionnaire n'a pas dat de vendre.

Dans ce cas, le commissionnaire peut, lorsque ses expéditeurs, suffisamment avertis, refusent de le payer, faire ordonner, sur requête non communiquée, la vente des marchandises pour s'en appliquer le prix. (Arg. de l'art. 106.) (Colmar, 29 nov. 1816.)

### VI. Rang du privilége.

304. Le privilége que rencontre le plus souvent celui du commissionnaire est le privilége du vendeur des marchandises expédiées : nous nous contente-

rons d'examiner ici ce qu'il faut décider dans le conflit de ces deux priviléges.

305. L'art. 576 C. co., nous allons le voir, résout la difficulté : « Pourront être revendiquées les marchandises expédiées au failli, tant que la tradition n'en aura point été effectuée dans ses magasins, ou dans ceux du commissionnaire chargé de les vendre pour le compte du failli.

Néanmoins, la revendication ne sera pas recevable si, avant leur arrivée, les marchandises ont été vendues sans fraude, sur factures et connaissements, ou lettres de voiture signées par l'expéditeur. »

Deux hypothèses dans ces deux alinéas :

1° Les marchandises sont arrivées dans les magasins du commissionnaire.

2° Elles ne sont pas encore arrivées.

306. *Première hypothèse :* Les marchandises sont arrivées.

Dans ce cas le vendeur a perdu le droit de revendication, que la vente ait lieu avec ou sans terme, l'art. 576 ne distingue pas, (v. art. 2102 n° 4).

Il a également perdu son privilége, car aux termes de l'art. 2102, 4° du C. N. le privilége du vendeur ne subsiste sur les meubles que s'ils sont encore en la possession du débiteur.

Dès lors le privilége du commissionnaire doit s'exercer sans concours sur les marchandises en contemplation desquelles il a fait des avances.

**307.** *Deuxième Hyp.* — Les marchandises sont en route.

Alors d'après le deuxième alin. de 576, la revendication du vendeur et son privilége seraient paralysés par une revente loyale des marchandises expédiées.

L'acheteur peut donc ainsi enlever au vendeur non payé le droit de reprendre la propriété même de sa chose, à plus forte raison peut-il la grever du privilége de l'art. 93.

Pierre vend à Paul et lui expédie 200 hect. de blé à 20 fr. payables à trois mois :

Pendant que les marchandises voyagent, Paul transmet, par endos, la lettre de voiture à Jacques, son commissionnaire, qui lui a avancé sur cet endos 3,000 fr.

Puis, les blés étant encore en route, Paul tombe en faillite.

Pierre invoque le privilége du vendeur pour ses 4,000 fr. impayés ;

Jacques, le privilége du commissionnaire pour les 3,000 fr. qu'il a avancés.

Jacques, (qui du reste a prêté à la chose et non à la personne) sera préféré à Pierre, le vendeur, qui, ayant vendu à terme, a suivi la foi de l'acheteur.

Mais il en serait de même si Pierre eût vendu comptant.

**308.** M. Troplong donne fort exactement la

raison de ces décisions quand il dit : « À peine la marchandise est-elle vendue , qu'elle devient sur le champ pour l'acheteur matière de crédit. »

« Le but de l'art. 576, dit à ce propos M. Clamageran ( n° 430) est de protéger la circulation des marchandises, la sécurité des transactions commerciales. Le droit du premier vendeur, quelque respectable qu'il soit, ne saurait paralyser le mouvement des affaires, et ce mouvement se manifeste par la négociation de la marchandise, sous toutes ses formes, aussi bien sous forme de commission de vente que sous forme de vente directe et sans intermédiaire. »

### VII. Sens et portée de l'article 95.

309. L'art. 95 Co. suppose deux choses : la première explicitement, la seconde implicitement, (V. n° 284): La première que le commettant et le commissionnaire habitent le même lieu, la seconde qu'il n'y a pas expédition de marchandises, c'est-à-dire que les marchandises sont présentes au lieu habité par les parties.

Et dans ce cas il décide que le commissionnaire n'a de privilége « qu'autant qu'il s'est conformé aux dispositions prescrites par le Code civil pour les prêts sur gages ou nantissement. »

C'est-à-dire, selon nous, que sorti du droit commun, en matière de gage, dans les art. 93 et 94, et cela par des raisons suffisamment développées plus haut, le législateur juge à propos d'y rentrer quand la présence sur les lieux des parties et des marchandises, pourrait rendre faciles, en cas de faillite, les dissimulations d'actif et les fraudes fatales aux créanciers.

310. Mais ce n'est pas ainsi qu'en général on interprète l'art. 95. On fait, pour ainsi dire, une exception de ce que nous croyons être un retour à la règle, et l'on dit : le droit civil, en matière de gage, ne régit pas le nantissement commercial, sauf l'exception de l'art. 95.

311. Voici, dans un résumé sommaire et rapide, les arguments que présente à l'appui de cette thèse, M. Troplong, qui la croit incontestable :

Sous l'empire de l'ordonnance de 1673 (art. 8 et 9), le gage civil et le gage commercial suivaient les mêmes règles, et ces règles étaient très-sévères : elles exigeaient la confection d'un acte notarié.

Mais l'ordonnance, par suite d'une désuétude que Jousse constate, n'était pas exécutée à la rigueur ; on ne l'appliquait qu'aux usuriers et prêteurs de mauvaise foi.

« Cet article s'observe avec si peu d'exactitude qu'on pourrait, en quelque sorte, le regarder comme hors d'usage, dit Poullain-Duparc. »

312. Arrive le Code civil.

L'art. 2074 modifie les dispositions de l'ordonnance, en ce qu'il se contente d'un acte sous-seing privé, là où le législateur de 1673 voulait un acte notarié.

Puis, chose remarquable, l'art. 2084 clôt le titre du nantissement, en décidant : « Que les disposi- « tions ci-dessus ne sont applicables ni aux matières « de commerce, ni aux maisons de prêts sur gages « autorisées, et à l'égard desquelles on suit les lois « et règlements qui les concernent. »

Conclusion : l'art. 2074 ne s'applique pas au nantissement commercial ; ce nantissement est régi par l'ordonnance de 1673, modifiée comme nous venons de le voir (c'est-à-dire, n'existant plus).

313. Enfin le Code de commerce paraît ; et par l'art. 95 de ce Code, un renvoi est fait à l'art. 2074, déclaré naguère inapplicable au commerce. Qu'est-ce à dire ? Devient-il pour cela le droit commun en matière de nantissement commercial ?

Non. « L'art. 2074 ne le régit que dans le cas de l'art. 95. Dans tous les autres cas, le gage commercial échappe à son influence, et se prouve, comme tous les autres contrats commerciaux, par les moyens indiqués par les art. 12 et 109 C. — L'article 2074 n'a pas un horizon plus vaste que celui que cet art. 95 lui a fait. »

314. Mais voici le coup de grâce, c'est une loi du 8 septembre 1830 : « Ce monument est topique et péremptoire... Il faudrait être bien obstiné pour ne pas s'y rendre ! »

Voyons :

« Les actes de prêts sur dépôts ou consignations
« de marchandises, fonds publics français et actions
« des compagnies d'industrie ou de finances » ;
dans les cas prévus par l'art. 95 C. : « Seront admis
« à l'enregistrement moyennant un droit fixe de
« deux francs. »

(Auparavant les actes de prêts sur consignations
étaient frappés du droit de un pour cent).

« Je dis (c'est M. Troplong qui parle), qu'il y a là
une interprétation législative dont la valeur ne saurait être méconnue. Le sens de la loi est que l'acte
de prêt sur gage, tarifé par l'enregistrement, n'est
requis que dans le cas prévu par l'art. 95. Si, dans
d'autres cas commerciaux, étrangers à l'art. 95 du
C. de com., il avait fallu un acte de prêt sur gage,
la loi du 8 septembre 1850 n'aurait pas manqué
d'en parler nommément, pour que la mesure fût générale et le bénéfice égal pour tous. »

315. J'avoue que, malgré toutes ces raisons plus
ou moins spécieuses, je ne puis me rendre à cette
opinion.

Et d'abord, j'en conteste le point de départ même :
les art. 93-95 ne sont pas des articles généraux sur
le nantissement commercial ; ce sont des articles
spéciaux au privilége du commissionnaire, au
contrat de commission.

J'ai déjà indiqué plus haut la preuve de cette

idée : j'ajoute que l'art. 576 co. confirme cette interprétation.

En effet, il repousse la revendication du vendeur au cas où les marchandises sont entrées dans les magasins du commissionnaire, c'est donc le commissionnaire seul auquel le privilége est accordé.

316. Reprenons maintenant les arguments invoqués plus haut.

Il est possible que l'ordonnance de 1673 fût mal appliquée en matière commerciale ; mais ce qui est certain, c'est que, d'après cette ordonnance, le gage dans le commerce était soumis aux mêmes formalités que le gage civil.

Le constituer autrement, c'était une violation flagrante de la loi, un abus que les jurisconsultes (entre autres Poullain Duparc) constataient en le déplorant.

Est-ce à cet abus ou bien à la loi, c'est à-dire à l'ordonnance, que renvoie l'art. 2084 pour le nantissement commercial ?

Il renvoie aux lois et règlements qui concernent les matières de commerce ! De l'usage, de l'abus surtout, pas un mot.

Concluons-en (et c'est là un fait certain) que, jusqu'au Code de commerce, le nantissement commercial est resté sous l'empire de l'ordonnance de 1673, plus sévère que l'art. 2074, C. N.

Tel est le sens légitime du renvoi de l'art. 2084.

317. Le Code de commerce est enfin rédigé. L'ordonnance de 1673, conservée jusque-là, comme loi
commerciale, va-t-elle subsister, notamment en ce
qui concerne le nantissement?

L'art. 2 de la loi du 15 septembre 1807, promul-
gative du nouveau Code, destiné à remplacer celui
de Louis XIV, s'exprime ainsi :

« A dater du 1er janvier 1808, toutes les anciennes
lois touchant les matières commerciales sur lesquelles il est statué par ledit Code, sont abrogées. »

Le Code de commerce a-t-il statué sur le nantissement?

Si l'on répond, non : il faudra en revenir à l'ordonnance, et exiger l'acte notarié ; car c'est à l'ordonnance que renvoie l'art. 2084.

Mais c'est oui qu'il faut répondre : le législateur de
1807 a statué sur le nantissement commercial : En
renvoyant, dans l'art. 95 à la loi civile, il montre
bien qu'il considère cette loi comme le droit commun, et l'art. 2074, comme s'appliquant fort bien
en matière commerciale, en dehors du privilégo favorable de l'art. 93 !

318. Le sens de ce renvoi est-il douteux, au seul
regard du texte? Rapprochez ce texte de l'exposé
des motifs : « Les avances que le commissionnaire
aura faites à un commettant du lieu de la résidence
d'un commissionnaire, ne peuvent être considérées
que comme un prêt sur gages qui doit être soumis

aux formalités que la loi exige pour ces sortes de prêts. »

Quelle loi? l'ordonnance de 1673? Non, l'art. 95, résultat de la pensée que son rédacteur vient d'émettre, le dit positivement : cette loi, c'est le Code civil qui régit le prêt sur gages, et nous sommes en matière commerciale !

319. Reste la loi de 1830. Une réponse bien simple y peut être faite : le législateur parle du cas le plus fréquent et le plus général ; celui où le prêt sur consignation se rattache au contrat de commission.

« Le gage et l'hypothèque, disait Portalis, sont des choses presque inconnues au commerce,» (ajoutons) : en dehors de la commission.

Il est si vrai que cette loi est énonciative, et non limitative, que l'on reconnaît (M. Troplong lui-même) que si un acte a été fait en dehors des cas prévus par l'art. 95, le droit fixe sera seul exigible.

320. Deux réflexions, dont la justesse ne saurait être contestée, achèveront de nous convaincre.

1° Il est certain que le législateur de 1807 a voulu favoriser le commissionnaire plus que le prêteur sur nantissement : ce sentiment respire d'un bout à l'autre de l'exposé des motifs.

Eh bien, avec l'opinion que nous repousssons, on arrive au résultat opposé.

Le commissionnaire, dans le cas de l'art. 95 ne

pourra prouver son nantissement qu'en rapportant l'acte prescrit par l'art. 2074.

Le prêteur, au contraire, pourra prouver le sien, par tous les moyens énoncés dans les art. 12 et 109 co., entre autres par la preuve testimoniale.

Une pareille contradiction est impossible!

321. 2° On sait quelle est la raison d'être des formalités de l'art. 2074 : M. Troplong l'expose à merveille : « Trop souvent le gage a été un moyen de frustrer les créanciers de bonne foi et d'avantager quelques créanciers favorisés aux dépens des autres... La fraude se jouerait des intentions de la loi; le débiteur, pressé par ces moments de détresse où l'on se prête à tous les expédients, appauvrirait le gage commun de ses créanciers, l'égalité serait rompue au profit de créanciers astucieux et frauduleusement habiles. »

Est-ce que ces fraudes, ces dangers sont moins sensibles en matière commerciale?

Ils le sont mille fois plus!

« L'intérêt du failli à se ménager des ressources après sa ruine, le grand nombre des créanciers au milieu desquels il peut choisir un complice, et par dessus tout, le mouvement continuel des marchandises, le tourbillon de transactions qui entraîne le négociant, toutes ces circonstances sont autant d'aiguillons pour exciter au mal, autant de masques pour le dissimuler et le couvrir. »

(M. Clamageran, n° 380).

Dès lors comment penser que le Code de commerce a entendu laisser le nantissement commercial sous l'empire de l'abus ancien dont on voudrait faire la loi d'aujourd'hui?

322. Conclusion: Dans le commerce, comme en matière civile, l'art. 2074 est le droit commun du gage; il n'y a d'exception, de dispense des formalités qu'il exige, que dans le cas tout spécial et tout privilégié de l'art. 93.

## CHAPITRE III.

### Comment finit la commission.

323. Les principales causes qui mettent fin à la commission, sont, en dehors des causes d'extinction de droit commun, c'est-à-dire la consommation de l'affaire, la force majeure, etc.

1° La révocation par le commettant;

2° La renonciation par le commissionnaire;

3° La mort de l'un ou de l'autre;

4° Leur changement d'état.

### § 1. Révocation par le commettant.

324. Ce qui a été dit à ce sujet en droit romain

(n^os 116-118) et incidemment en droit français (n^os 293-294) nous semble suffisant.

Je dirai seulement que dans le cas où la commission a été donnée par plusieurs, la révocation d'un seul suffit pour y mettre fin ; car le mandat émanait de la volonté de tous, la même condition est indispensable pour qu'il se maintienne.

Que si le commissionnaire avait accepté l'ordre, en contemplation de la solvabilité de celui qui révoque, il pourrait trouver là à l'égard des autres une juste cause de renonciation.

### § 2. Renonciation par le commissionnaire.

325. Ce point a été traité *in extenso* aux (n^os 177-181).

### § 3. Mort de l'un des deux.

326. Voir ce qui a été dit, en droit romain, sur cette cause d'extinction. Les principes sont restés les mêmes (n^os 119-121-125-126).

327. En cas de mort du commettant, appliquer l'art. 1991 C. c.

« Le mandataire est tenu de même d'achever la
« chose commencée au décès du mandant, s'il y a
« péril en la demeure. »

328. En cas de mort du commissionnaire, appliquer l'art. 2010.

« En cas de mort du mandataire, ses héritiers
« doivent en donner avis au mandant, et pourvoir,
« en attendant, à ce que les circonstances exigent
« pour l'intérêt de celui-ci. »

§ 4. Changement d'état de l'un ou de l'autre.

329. La faillite ou la déconfiture, la mise dans une
maison d'aliénés, la nomination d'un conseil judiciaire, l'interdition civile ou pénale, tous ces événements, se réalisant dans la personne de l'un des
contractants, modifient les relations antérieures de
confiance, d'accord, de capacité, à un tel point,
qu'il est juste d'y voir une cause légitime d'extinction. (V. l'art. 2003 C. c.)

# POSITIONS.

------

## DROIT ROMAIN.

I. La l. 26 § 6 et 7, *mandati* est en opposition complète avec les l. 52, § 4 *pro socio*, et 61 § 5 *de furtis*.

II. Dans la l. 59 *mandati*, la correction indiquée par Cujas (*non inutiliter* au lieu de *non utiliter*), peut seule donner à ce texte un sens satisfaisant.

III. Les l. 108 *de solut.* et 14 § 2, *de religiosis* ne sont pas en opposition avec la règle qu'un mandat peut être donné pour être exécuté après la mort du mandant.

D'ailleurs cette règle n'est pas absolue.

IV. La théorie la plus généralement adoptée en droit romain quant à la prestation des fautes, est celle qui distingue deux espèces de fautes, la faute lourde et la faute légère, cette dernière appréciée tantôt *in concreto*, tantôt *in abstracto*.

V. Le mandataire répond de la *culpa levis in abstracto*; mais sur ce point, il y a eu controverse entre les jurisconsultes romains.

VI. Il y avait également controverse sur le point de savoir si le tuteur devait répondre de la *culpa levis in abstracto*, ou de la *culpa levis in concreto*.

VII. La l. 34 *mandati*, et la l. 15, de *reb. cred.* sont inconciliables.

VIII. Les filles pubères soumises à la puissance paternelle pouvaient aussi bien que les fils de famille s'obliger civilement sans l'autorisation du *paterfamilias*.

## DROIT FRANÇAIS.

### (CIVIL ET COMMERCIAL).

I. Le mandat peut se former tacitement en droit civil aussi bien qu'en droit commercial.

II. Les professions libérales ne rentrent pas en droit français dans le mandat salarié.

III. Ce n'est pas l'agissement *proprio nomine*

mais le caractère commercial de l'opération à traiter, qui distingue le commissionnaire du mandataire.

IV. Le droit conféré au commissionnaire par l'article 93 Co. est un véritable privilége. Ce n'est pas le droit de rétention.

V. Le commissionnaire qui a payé de ses deniers les marchandises achetées par lui, et, en son nom, pour le compte du commettant, est subrogé de plein droit aux lieu et place du vendeur : il peut donc invoquer l'art. 576 Co. et revendiquer les marchandises dans la faillite du commettant.

VI. Le privilége de l'art. 93 Co. garantit le remboursement des avances antérieures à la consignation des marchandises, pourvu qu'elles soient faites en contemplation de ces marchandises.

VII. L'expédition d'un lieu sur un autre, est une condition essentielle du privilége. Elle ne peut être suppléée par la circonstance que les parties ont des domiciles différents.

VIII. Il n'est pas nécessaire que l'endossement de la lettre de voiture à l'ordre du commissionnaire mentionne la valeur fournie pour qu'il puisse arguer de son privilége.

IX. L'art. 2074 C. c., est le droit commun en matière de nantissement commercial.

**X.** La solidarité n'est pas le droit commun entre tous les co-débiteurs d'une dette commerciale.

**XI.** La décision du conseil de famille convoqué (dans le cas de l'art. 160 C. c.), pour donner ou refuser son consentement au mariage du mineur, est souveraine, et ne peut être judiciairement réformée.

**XII.** Les futurs époux peuvent, en adoptant le régime de la communauté, convenir, que les immeubles de la femme seront inaliénables, et cette clause est opposable aux tiers.

**XIII.** La femme dotale ne peut, par instititution contractuelle, disposer de ses biens dotaux, en faveur d'autres personnes que ses enfants.

**XIV.** Le voiturier conserve son privilége, même après s'être dessaisi de la chose voiturée.

## DROIT PÉNAL.

**I.** L'immunité de l'art. 380 C. P., n'est pas applicable au mari qui a détourné des meubles saisis sur lui à la requête de sa femme.

**II.** Le propriétaire qui, aux termes de l'art. 2 de la loi de 1844, peut chasser ou fairé chasser en tout temps, sans permis, dans ses possessions encloses,

peut, dans l'exercice de ce droit, se servir de filets
et engins prohibés.


## DROIT ADMINISTRATIF.


I En matière contentieuse administrative, le juge
ordinaire en premier ressort est le ministre : mais
la compétence des conseils de préfecture ne doit pas
être restreinte aux cas énoncés par l'art. 4 de la loi
de pluviose an VIII ; il faut l'étendre à tous les cas
antérieurement attribués aux directoires et aux ad-
ministrations centrales de départements.

II .La loi du 10 vendém. an IV, sur la responsabilité des communes, cesse de s'appliquer, lorsque la
commune prouve qu'elle a fait tout ce qui était en
son pouvoir pour empêcher les troubles.


## DROIT INTERNATIONAL.


I. Un anglais, depuis longtemps domicilié en
France, s'y marie avec une Française : le mariage a
pour effet de légitimer les enfants communs nés d'un
commerce antérieur, bien que la loi anglaise n'ad-
mette pas ce mode de légitimation.

# HISTOIRE DU DROIT.

I. La réserve du droit coutumier, est d'origine féodale.

II. A l'époque Franque, c'est l'origine, et non le libre choix de l'individu qui détermine la loi qu'il doit suivre.

*Vu par le président de la thèse,*
E. BONNIER.

*Vu par le doyen de la Faculté,*
C. A. PELLAT.

*Permis d'imprimer*
Le vice Recteur
CAYX

9 782019 659394